French Short Stories for Beginners

10 Clever Short Stories to Grow Your Vocabulary and Learn French the Fun Way

+ Phrasebook

700 Realistic French Phrases and Expressions

BILINGUAL LEARNING BOOK SERIES 2nd EDITION

Christian Stahl

Table of Contents

Learning French Through Short Stories

Reading culturally interesting and humorous short stories to enhance your French is an easy way to improve your language skills. This book contains a selection of 10 short stories for beginners with a wide range of genres, all prepared specifically for French language learners.

This book provides modern stories from tales of espionage, to romances on cruise ships, sauna experiences to stories about "prepper lifestyle", all written by a French linguist and ensuring you will have a great time while fine-tuning your French vocabulary and improving your comprehension. The content is intended mainly for elementary to intermediate level learners, but it will also be useful for more advanced learners as a way of practicing their reading skills and comprehension of the French language.

The stories have been arranged according to their degree of difficulty and each story is accompanied by a key vocabulary section, summaries in English and French, and story related exercises

How to Use this Book Effectively

Each story is reasonably short and split into easily digestible chapters; the French paragraphs are followed by English parallel text. In our opinion it will be most beneficial if you read each story in English first, and then follow up by reading the French text. To get a better comprehension of the story, always read the summaries in English and French. Then review the key-vocabulary section and reread the story once more as a parallel text. After reading through a story a couple of times you'll notice that you understand an French version of the story as if it was written in your native tongue. Continue with the exercises that you find after each story.

Finally, at the end of this book, you should study the phrases and expressions that also includes a pronunciation guide.

The Advantages of Learning by Reading Short Stories

Over time, you will build an intuitive understanding of how French functions. This differs from a more theoretical understanding put together via learning rules and conceptual examples:

It's more important to reach to finish the story without stopping, then to understand every word. The simple truth is that you won't get everything your first time around. This is completely normal.

Follow our Tips to get Results Fast

Vocabulary will be introduced to you at a reasonable pace, so you're not overwhelmed with difficult words all at once. Here, you won't have to look up every other word, but you can simply enjoy the story and absorb new words simply from the story's context.

The French contained in here are written using easy-to-understand grammar and vocabulary that both those at the beginner and intermediate levels can understand, appreciate, and learn from.

Some stories are focused on dialogue. These stories contain loads of natural dialogue, so you can learn conversational French as you read. This is doubly beneficial as you will improve your speaking ability as well.

I. Je t'ai rencontré au sauna

I meet you in the sauna

Monsieur Petit est un homme d'affaires. Il possède un petit restaurant dans une **gare** et y vend du poisson et des **frites**. Il **a beaucoup de clients réguliers** parce que la plupart de ses clients aiment ses plats. Après ses heures de travail **il va souvent au sauna, pour se calmer et se relaxer**. Il y a quelques temps M. Petit est retourné au sauna.

Mr. Petit is a businessman. He owns a small restaurant at a railway station where he sells fish and chips. He has a lot of regular guest, because most of the customers like his food. In the after-work hours he frequently goes to a sauna to calm down and relax. Some time ago Mr. Petit returned to the sauna

Ce jour-là, la température du sauna **mêlée aux odeurs de plantes** semblait particulièrement élevée. M. Petit était déjà assis et **transpirait** sur le banc du sauna quand **la porte s'ouvrit**. Un homme entra. M. Petit **le reconnu aussitôt. C'était un client**.

That day the temperature of the herbal sauna seemed to be especially high. Mr. Petit had already been inside the sauna and sweating on the sauna bench when the door opened. A man came in. Mr. Petit recognized the man immediately. It was a customer.

Cependant, il n'aimait pas ce client. **Une fois**, le client **l'avait dénoncé** parce qu'il pensait que le dîner ne respectait pas les conditions d'hygiène. L'autre homme reconnu aussi M. Petit. **L'homme sourit**: « Bonsoir M. Petit, comment allez-vous?»

However, he didn't like this customer. Once the customer had denounced him, because he thought that the restaurant was dirty.
The other man also recognized Mr. Petit. The man smiled: "Good evening, Mr. Petit how are you?"

«**Tout va bien**, merci», répondit M. Petit.
«Transpirer **nettoie** le corps», dit l'homme.
M. Petit en avait assez vu **pour la journée et quitta le sauna**.
Il partit prendre une **douche**.
Cette fois-là, M. Petit prit une longue douche car **il avait été contrarié** par cet homme.

"Everything is well, thank you."
"Sweating cleans the body", said the man.
Mr. Petit had enough for the day and left the sauna. He went for a shower. This time Mr. Petit took a long shower, because he had gotten annoyed by the man

Après la douche, M. Petit est entré dans **le vestiaire**, une grande pièce avec beaucoup de casiers.
Les serviettes étaient suspendues **à un crochet.** M. Petit se sécha. La serviette était humide, mais **il se sentait mieux maintenant.**

After the shower Mr. Petit went into the changing room, a big room with lots of lockers. The towels were hanging on a hook. Mr. Petit toweled himself, the towel was wet but he felt better now.

M. Petit quitta lentement le sauna. Le client qu'il avait rencontré dans le sauna **se tenait devant la porte.**
L'homme regarda M. Petit et sourit:
«Excusez-moi, Monsieur Petit, mais vous avez pris ma **serviette** et l'avez utilisée!»

Mr. Petit left the sauna area. The client he met in the sauna was standing at the door. The man looked at Mr. Petit and smiled: "Excuse me, Mr. Petit, but you have used and taken my towel!"

M. Petit secoua la tête et dit: «Non, je ne pense pas.»
«Jetez un **œil dans votre sac** s'il vous plaît.», dit l'homme.
M. Petit ouvrit son sac et en sortit la serviette.
L'autre homme souriait toujours. « **Regardez ici,** dans **le coin** de la serviette, j'ai écrit quelques lettres avec un stylo noir. »
«A.H.», lut M. Petit.
«**C'est moi**.», dit l'homme.
M. Petit **rendit** la serviette à l'homme. Après, il n'est jamais retourné au sauna.

Mr. Petit shook his head. "No, I don't think so."
"Let me please look into your bag", said the man.
Mr. Petit opened his bag and pulled the towel out.
The other man still smiled. "Look here, in the corner of the towel I have written some letters with a black pen.

"A.H.", asked Mr. Petit.
"That's me", said the man.
Mr. Petit gave the towel back to the man. Afterwards he never went back to the sauna.

Summary

Mr. Petit goes to a spa and meets an old client in the sauna. Mr. Petit does not like the client, because the client once had denounced him. Unknowingly, Mr. Petit uses the man's towel and takes it with him.

Résumé

M. Petit se rend dans un sauna et y rencontre un client. M. Petit n'aime pas le client, parce que celui-ci l'avait une fois dénoncé. Sans s'en rendre compte, M. Petit a pris la serviette du client avec lui et l'a utilisée.

Most common everyday and key vocabulary

businessman
homme d'affaires

small restaurant
petit restaurant

trains station
gare

chips / fries
frites

has a lot of regular customers
a beaucoup de clients réguliers

often goes to the spa
va souvent au spa

to calm down and relax
pour se calmer et se relaxer

in most of the cities
dans la majorité des grandes villes

recognized him immediately
le reconnu aussitôt

regular guests
clients réguliers

a customer
un client

at a bench
et un bain

after-work hours
après les heures de travail

the door opened
la porte s'ouvrit

he recognized him immediately
le reconnu aussitôt

to denounce
dénoncer

the man smiles
l'homme sourit

everything is well
tout va bien

once, before
une fois

he denounced him
l'avait dénoncé

are you well?
comment allez-vous?

Tou va bien
everything is good

to clean
nettoyer

to like something
aimer quelque chose

to sweat
transpirer

frequent / frequently
fréquent / fréquemment

for the rest (session) he left the spa /sauna
pour la journée et quitta le sauna

shower
douche

locker room / dressing room
le vestiaire

on a hook
à un crochet

he was upset
il avait été contrarié

he waited at the door
Il se tenait devant la porte

towels
serviettes'

the man waited for Mr. Petit at the exit
L'homme attendait M. Petit à la sortie

He felt better now
il se sentait mieux maintenant

the man looked at Mr Petit and smiled
l'homme regarda M. Petit et sourit

used
utilisé

taken
pris

Répondez aux questions suivantes à l'aide des propositions. Il y a seulement une bonne réponse par question.

1. Quel genre d'entreprise M. Petit a-t-il?

a. Un sauna.

b. Il fait de la vente.

c. Il vend des serviettes.

d. Il possède un petit restaurant.

2. Que fait souvent M. Petit après ses heures de travail?

a. Il va au sauna

b. Il va au cinéma

c. Il va voir sa petite amie

d. Il va manger

3. Pourquoi le client a-t-il dénoncé M. Petit?

a. Le client n'a pas aimé la nourriture du dîner.

b. Le client pensait que le restaurant était sale.

c. M. Petit transpire à chaque fois dans le sauna

d. Le client pense que M. Petit est sale.

4. Après le sauna le client accuse M. Petit car:

a. M. Petit a trop transpiré dans le sauna.

b. M. Petit n'a pas dit «Bonsoir».

c. M. Petit avait soutiré et utilisé sa serviette.

Solutions pour la petite histoire numéro un

1d 2a 3b 4c

Une Famille Religieuse Française

A religious French family

Philipe et **sa sœur** Nicole vivent dans **une petite ville catholique près** de la ville de Voule.
Philipe **est âgé de douze ans,** Nicole est plus jeune d'une année. Ils sont tous deux des enfants intelligents **et aussi très modernes.**

Philipe and his sister Nicole are living in a little Catholic town in the city of Voule. Philipe is twelve years old Nicole is one year younger. They are both intelligent and very modern children.

Ils **aiment jouer** sur internet et sont passionnés de **jeux** vidéo. Leurs parents sont tous deux **éduqués, leur père travaille** à l'hôpital et leur mère est indépendante et dispose d'un **petit cabinet psychiatrique.**
C'est l'époque des **fêtes de Noël** et des **chants de Noël retentissent au-dessus des supermarchés.**

They love to play on the internet and are passionate video gamers. Their parents are both educationists, their father works in the hospital and the mother is independent and has her own small psychiatric office. It is Christmas time and Christmas songs are blasting out of the shops and supermarkets.

Bien que les frères et sœurs reçoivent une éducation conservatrice, **ils n'aiment pas trop Noël.**

Au cours des dernières années, alors que des parents éloignés leur **ont rendu visite**, il y eut beaucoup de disputes. Le week-end dernier, un jour catholique férié, un collègue **de leur père** est venu pour une visite. En tout cas, un différend a commencé. Apparemment, c'était **à propos d'église ou de religion.**

Although the siblings are conservatively educated, they don't like Christmas. In the last years, when distant relatives visited them, there were a lot of arguments. Last weekend, on a Catholic holiday a colleague of their father came to visit. Nevertheless, a dispute started. Apparently, it was about church or religion.

Les **frères et sœurs ont découvert** que leurs parents avaient l'intention de se rendre au service de Noël à l'église. **Une situation inhabituelle** parce que généralement leurs parents ne vont pas à l'église, excepté pour Noël. Cependant, l'avis de leur mère est que dans une petite ville, il y **a beaucoup de commérages** et qu'il serait préférable de **s'adapter** et de se présenter pour Noël à l'église
En outre, **s'ils pensent être des gens biens,** Nicole et Philipe pensent différemment.

The siblings found out that their parents had the intention to go to the Christmas service in the church. An unfamiliar situation because usually the parents never go to church, except Christmas. However, their mother's opinion is that in a small town there is a lot of talk and it would be better to show up at church. Furthermore, it would show that she's a good person. Nicole and Philipe had a different opinion.

À Noël, les frères et sœurs **veulent rester à la maison.** Philipe préfère jouer à un jeu en ligne et Nicole a des choses à faire sur Facebook.
Un différend éclata; les parents affirmaient que les enfants étaient **mal éduqués** et n'avaient pas de savoir-vivre.
Après la **dispute**, l**es parents discutaient.**
La mère a eu une idée. Pourquoi ne devraient-ils pas rencontrer d'autres psychiatres au bureau **et parler avec des collègues?**

At Christmas the siblings want to stay at home. Philipe preferably wants to participate at a live game on the internet and Nicole is busy on Facebook. A dispute arises; the parents blame the children to be badly educated and not to have manners. After a discussion the parents have a talk. What shall they do? The mother has an idea. Why shouldn't they meet other psychiatrists at the office and talk with their colleagues?

Les parents ont eu des conservations téléphoniques dans **la soirée,** le petit groupe de pédagogues et les psychiatres se réuniront pour échanger **leurs points de vue** au bureau.
Philipe et Nicole furent surpris que **leurs parents reviennent de la réunion** et leur expliquent qu'ils n'étaient pas obligés d'aller à l'église à Noël.
Nicole **voulut savoir** pourquoi leurs parents avaient changé d'opinion. La mère répondit que les collègues les avaient analysés et il s'est avéré qu'ils étaient tous les deux **un tout petit peu malade** car leurs parents étaient un peu religieux et la religion est **une sorte de maladie du cerveau.**

The parents make some calls and in the evening, a small group of pedagogues and psychiatrists meet for an exchange of opinions at the office.
Philipe and Nicole are surprised as their parents return from the meeting and explain that they don't have to go to church at Christmas.
Nicole wants to know why the parents have changed their mind. The mother answers that the colleagues had analyzed them and it turned out that both parents were a little sick because they are just a little religious and religion after all is a type of brain disease.

Summary

A family with two young children is preparing for Christmas. The parents are psychologists. The children don't want to go to church at Christmas. An argument follows. The parents are discussing this issue with other psychologists. They discover that they are both not religious and the children can stay Christmas at home.

Résumé

Une famille avec deux jeunes enfants se prépare pour Noël. Les parents sont des psychologues. Les enfants ne veulent pas aller à l'église à Noël. Un différend éclate. Les parents discutent de ce sujet avec certains psychiatres et découvrent qu'ils ne sont tous les deux pas religieux. Les enfants peuvent rester à la maison à Noël.

Most common everyday vocabulary

his sister
sa sœur

a small catholic village
une petite ville catholique

near
près

is twelve years old
est âgé de douze ans

and also very modern
et aussi très moderne

Christmas songs
chants de Noël

Christmas Eve
réveillon de Noël

love to play
aiment jouer

an unusual situation
une situation inhabituelle

over the last years
au cours des dernières années

educationists
éducateurs

small psychiatric consultancy
petit cabinet psychiatrique

they don't like Christmas
ils n'aiment pas trop Noël

Christmas songs
chants de Noël

retentissent au-dessus des des supermarchés
sounds from the supermarkets

Christmas holidays
fêtes de Noël

to adapt
s'adapter

a lot of gossip
a beaucoup de commérages

want to stay at home
veulent rester à la maison

another outburst

un différend éclata

the parents discuss
les parents discutaient

the mother had an idea
la mère a eu une idée

visited / made a visit
ont rendu visite

their father
leur père

..about church or religions
..à propos d'église ou de religion

siblings
frères et sœurs

relatives / cousins
cousins

don't feel like it
je n'ai pas envie de

parler avec des collègues
talk with colleagues

the evening
la soirée

point of view
des points de vue

leurs parents reviennent de la réunion
the parents came back from the meeting

manners
manières

wanted to know
voulu savoir

it turned out that..
il est apparu que..

just a little sick
un tout petit peu malade

brain disease
maladie du cerveau

Répondez aux questions suivantes à l'aide des propositions. Il y a seulement une bonne réponse par question.

1. Les frères et sœurs Philipe et Nicole vivent
a. Avec leurs grands-parents.
b. Dans une petite ville catholique.
c. Dans la même maison à Paris.
d. Dans différents appartements.

2. La profession de leur mère est:
a. C'est une enseignante.
b. Elle n'a pas de travail et est sans emploi.
c. Elle est indépendante et dispose d'un cabinet psychiatrique
d. Elle travaille dans un hôpital.

3. Combien de fois les parents vont-ils à l'église

a. Ils vont tous les samedis à l'église.

b. Ils vont à l'église trois fois par an.

c. Ils vont presque tous les jours à l'église.

d. Ils ne vont jamais à l'église sauf à Noël.

4. Que veulent faire les frères et sœurs à Noël?

a. Ils veulent rester chez eux.

b. Ils veulent aller à l'église.

c. Ils veulent voyager.

d. Ils veulent voir leurs amis.

Solutions de la petite histoire numéro 2

1b 2c 3d

Crowdfunding Pour une Nouvelle Cuisine

Crowdfunding for a New Kitchen

Melinda est une jeune fille de Lyon. **Pendant des années**, elle avait prévu **d'acquérir une nouvelle cuisine.** Le problème était qu'elle **vivait encore** dans la maison de ses parents, **dans le grenier.**
Il y **avait une petite kitchenette,** comme dans un hôtel, équipée d'un micro-ondes et d'une machine à café. Melinda avait **toujours aimé fouiller** dans les **livres de *cuisine et avait déjà téléchargé des centaines de recettes** sur Amazon et pour être honnête, elle était un bon chef cuisinier.

For years, Melinda had been planning to acquire a new kitchen. The problem was that she was still living at her parent's home, strictly speaking in the attic. There was a little kitchenette similar like in an old hotel equipped with a microwave and a coffee machine. Melinda had always loved to rummage in cookbooks and had already downloaded hundreds of recipes from Amazon and she was also a good cook.

Ses parents **ne se sont jamais intéressés** à la cuisine moderne. **Pourquoi donc?** Ils ont toujours mangé des **repas américains simples** qui se composait habituellement de frites, de haricots, de saucisses et **d'ingrédients répugnants.**

Her parents weren't interested in modern kitchens. Why is that so? They always ate plain meals that usually consisted of pasta, sausages and coarse ingredients.

Comme Melinda était déjà âgée de trente ans, sa famille s'attendait à ce qu'elle trouve finalement un compagnon, **qu'elle se marie et qu'elle fonde une famille**. Mais il y **avait un problème** pour Melinda.
Elle n'avait pas de travail et **le chômage** rend la vie difficile, comme partout. Avec ou sans travail - **elle avait besoin de cette** cuisine. Elle avait six cents euros **de côté.**
Dans les environs, il y avait **un centre d'accueil** énorme qui avait **toujours des réductions** pour les cuisines le lundi. Mais ce n'était pas tout.
Les quincailleries, tout comme les supermarchés, peuvent être placés où vous rencontrez **souvent des voisins et des amis.** Le lundi matin, Melinda **se posta devant l'entrée principale** et attendit.

Melinda was already thirty years old and her family expected that she finally found a partner, married and founded a family. But there was a problem. She didn't have work and as anywhere unemployment makes life difficult.
With or without work she needed that kitchen! She had saved six hundred Euros. Around the corner was a huge home center which always had discounts for kitchens on Mondays. But that wasn't all. Hardware stores just like supermarkets, can be places where you can often meet neighbours and friends.
On a Monday morning Melinda stood in front of the main entrance and waited.

Bien sûr, après vingt minutes la première voisine arriva. Melinda n'hésita pas. Elle dit à la vieille dame qu'elle **devait acheter d'urgence** une nouvelle **cocotte-minute** car l'ancienne **était cassée** et qu'elle avait besoin **de trente euros pour en**

acheter une nouvelle. Quelques instants plus tard, la dame lui donna l'argent. Cela marcha parfaitement: Melinda **rencontra une demi douzaine de voisins** et de connaissances et **à midi** elle avait assez d'argent pour la nouvelle cuisine.

Indeed, after twenty minutes the first neighbour came. Melinda didn't hesitate. She told the old woman that she urgently needed to buy a pressure cooker because the old one was broken and she needed thirty Euros for a new cooker. After a short while the woman gave her the money. It worked perfectly; Melinda met half a dozen neighbours and acquaintances and around midday she had enough money for a new kitchen.

Summary

Melinda still lives in her parents' house in the attic, but she likes to have a new kitchen. She is unemployed and has no money to buy one. Melinda needs help. She goes to the local homecenter and tells strangers that she needs a new pressure cooker today, and that she is only a few euros short. Many people give her money, and eventually she can buy a new kitchen.

Résumé

Melinda vit encore dans la maison de ses parents dans le grenier et a besoin d'une nouvelle cuisine. Elle est au chômage, donc elle n'a pas d'argent pour en acheter une nouvelle. Melinda a besoin d'aide. Elle va au magasin de matériel et dit à des inconnus qu'elle a besoin d'une cocotte-minute et qu'elle manque encore d'un peu d'argent. Beaucoup de gens lui donnent de l'argent et elle peut finalement s'acheter une nouvelle cuisine.

Most common every-day vocabulary

for years
pendant des années

alive
Vivant

to buy a new kitchen
d'acquérir une nouvelle cuisine

had a small kitchenette
avait une petite kitchenette

in the attic
dans le grenier

always loved
toujours aimé

to rummage
fouiller

downloaded
télécharger

hundreds of recipes
centaines de recettes

were never interested
ne se sont jamais intéressés

why not?
pourquoi pas?

simple American meals
repas américains simples

gross ingredients
d'ingrédients répugnants

...did her family expect
que la famille n'attendait pas

...that she's getting married and starts a family
...qu'elle se marie et qu'elle fonde une famille

...had a problem
...avait un problème

side
de côté

she was in need of this
elle avait besoin de cette

home center
centre d'accueil

always had discounts
toujours des réductions

often neighbors and friends
souvent des voisins et des amis

waited in front of the main entrance
se posta devant l'entrée principale

had to buy an emergency
devait acheter d'urgence

pressure cooker
cocotte-minute

to get broken /got broken
à se casser / se cassa

thirty Euros to buy a new...
de trente euros pour en acheter une nouvelle...

met half a dozen neighbors
rencontra une demi douzaine de voisins

at noon
à midi

Répondez aux questions suivantes à l'aide des propositions. Il y a seulement une bonne réponse par question.

1. Qu'y a-t-il dans le grenier?
a. Des toilettes.
b. Une kitchenette.
c. Une nouvelle cuisine.
d. Des vieux livres de cuisine.

2. Qu'est ce qui était toujours disponible le lundi dans le magasin de rénovation domiciliaire?
a. De nouvelles cuisines.
b. Les voisins et des connaissances.
c. Des réductions sur les cuisines.
d. De la musique.

3. Qu'est-ce que Melinda a dit, quand elle était debout devant le magasin de matériel?
a. Qu'elle avait besoin d'une nouvelle cuisine.
b. Qu'elle voulait se marier.
c. Qu'elle était au chômage.
d. Qu'elle a besoin d'un nouvel autocuiseur.

4. Quand Melinda a-t-elle eu l'argent pour sa nouvelle cuisine?
a. À midi.
b. En soirée.
c. Le jour suivant.
d. Après une heure.

Solutions de la courte histoire numéro 3
1b 2c 3d 4a

Comment Trouver un Millionnaire Pendant une Croisière

How to find a Millionaire on a Cruise Trip

Je m'appelle Elli et **tout commence demain. Demain commence ma croisière. J'ai besoin de savoir exactement ce que j'ai besoin de préparer et ce que je dois laisser à la maison**.

J'ai juste lu que je **ne devais** pas prendre de bouteilles ou **de courses avec moi.**
La croisière commence en Italie.
Mes vacances sur un bateau de croisière commencent demain dans la soirée. C'est un énorme navire avec plusieurs piscines et **beaucoup de restaurants. L'idée** de réserver une croisière pour des vacances m'a traversé l'esprit quand j'ai **rencontré un vieil ami**

Elle avait déjà répandu la nouvelle qu'elle avait trouvé **l'homme de ses rêves. Dix ans de rencontre en ligne** et finalement mon **amie en surpoids** s'est trouvée un petit ami. Il doit être **riche** ; maintenant je sais combien **une telle croisière coûte**.
Le voyage coûte plus de cinq cent livres, mais son voyage doit avoir été bien **plus cher.** Mes **pensées errent entre faire mes bagages** et des gars chics, des cocktails et des articles de toilettes.
J'entendis la cloche de la porte d'entrer sonner. Qui cela pouvait-il bien être, **je n'ai pas le temps**!

My name is Elli and it all starts tomorrow. Tomorrow begins my cruise. I need to know exactly what to pack and what to leave at home.

I just read that I shouldn't take any bottles or groceries with me. The cruise begins in Italy.
My vacation on a cruise ship begins tomorrow evening. It's a huge ship with several pools and lots of restaurants. The idea of booking a cruise for a vacation crossed my mind when I met an old friend

She had already spread the news that she had found the man of her dreams. Ten years of online dating and my overweight friend finally found herself a boyfriend. He must be rich; now that I know how much such a cruise trip costs. The trip costs over five hundred pounds, but his trip must have been much more expensive. My thoughts roam between packing my bags and fancy guys, cocktails and toiletries.
I heard the bell on the front door ring. Who could it be, I don't have time!

«Bonjour Jane! **Quelle surprise**!»
«Bonjour Elli, je voulais seulement te dire une dernière fois bonjour avant que tu ne commences **ton voyage demain.** Puis-je te présenter mon fiancé? Voici Bobo de Manila.»
«**Je suis ravie** de vous rencontrer»
«Salut!»
«Il parle anglais aussi?»
«**Il parle très bien anglais.** Après tout, il a travaillé sur un bateau de croisière là où je l'ai rencontré. **Il travaillait en tant que serveur.** C'est un homme tout à fait capable!»

"Hello, Jane! What a surprise!"
"Hello Elli, I just wanted to say a last time hello before you'll start your cruise trip tomorrow. May I introduce you to my fiancé. This is Bobo from Manila."
"I'm pleased to meet you"
"Hi!"
"Does he also speak English?"
"He speaks English very well. After all he had worked on the cruise ship where I met him. He was a waiter there. He is quite a capable man!"

Summary

A young woman is planning to spend her vacation on a cruise trip for singles. She hopes to find a rich man. Her overweight female friend had made that trip before and found a fiancé, a waiter who was working on the ship.

Résumé

Une jeune femme est en train de planifier une croisière en bateau pour célibataire. Elle espère y rencontrer un homme riche. Son ami a aussi fait un tel voyage et y a rencontré son fiancé, un serveur travaillant sur le navire.

Most common every-day and key vocabulary

it all starts tomorrow
tout commence demain

tomorrow starts my cruise trip
demain commence ma croisière

I need to know exactly how to prepare it
j'ai besoin de savoir exactement comment la préparer

I need to know what to take and what to leave at home
ce que je dois prendre et ce que je dois laisser à la maison

two weeks
deux semaines

should / nevertheless
ne devais

with me
avec moi

the cruise starts in Italy
la croisière commence en Italie

lots of restaurants
beaucoup de restaurants

my vacation on a cruise ship starts tomorrow evening
mes vacances sur un bateau de croisière commencent dans la soirée de demain

tomorrow evening
demain dans la soirée

to take something
prendre quelque chose

exclusively for pensioners
exclusivement pour les retraités

the idea
l'idée

met an old friend
rencontré un vieil ami

dream man
l'homme de ses rêves

overweight female friend
amie en surpoids

Ten years of online dating
dix ans de rencontre en ligne'

such a cruise costs...
une telle croisière coûte..

plenty to take (with)
beaucoup à prendre avec

rich guy
homme riche

more expensive
plus cher

thoughts are wander in between packing my luggage
pensées errent entre faire mes bagages

I don't have time!
je n'ai pas le temps!

a surprise
une surprise

I am glad
je suis ravie

your trip tomorrow
ton voyage demain

he speaks English very well
il parle très bien anglais

he was a waiter there
il travaillait en tant que serveur

Répondez aux questions suivantes. Il y a une seule réponse correcte pour chaque question

1. Où commence la croisière?
a. En Italie
b. En Allemagne
c. En Angleterre
d. En Espagne

2. Qu'a fait l'ami en surpoids pour rencontrer son petit ami?
a. Elle a fait un régime
b. Elle a voyagé
c. Elle a essayé d'en trouver un pendant plus de dix ans
d. Elle n'a rien fait

3. Combien coûte le voyage?
a. Le voyage était gratuit
b. Plus de cinq cent pounds
c. Etait un cadeau pour son amie
d. Plus de trois cent euros

4. Quelle est la profession du fiancé de l'amie de Jane?
a. Conducteur de bus
b. Serveur
c. Sans emploi
d. Enseignant

Solutions de la nouvelle 5
1a 2c 3b 4b

La Jeune Femme Ivrogne

The Young Drunk Woman

Les gens de Tarbes pensaient que Marta venait d'une **ville insignifiante** au sud de France. Les gens disaient aussi, qu'elle parlait avec un accent et **beaucoup de personnes** âgées disaient aussi qu'elle venait de Roumanie.

The people of Tarbes thought that Marta comes from an insignificant town from the south of France
The people also said that she was speaking with an accent and lots of elderly people even said that she originally came from Romania.

On savait aussi que Marta possédait **un teckel** qui s'appelait Max qu'elle **promenait** au moins une fois par jour. Elle avait aussi de l'argent, bien que la plupart des gens pensaient **qu'elle ne travaillait pas**.

We also knew that Marta owned a dachshund called Max that she took for a walk at least once a day, and that she also had money, even though most people thought she didn't work.

Marta avait aussi un **secret dont elle ne se cachait pas,** elle adorait boire du vin. Une ou deux bouteilles de vin rouge par jour et **elle préférait boire seule.** Au début de l'après-midi, **elle commençait** à boire et continuait **jusqu'en début de soirée.** Elle pensait que c'était mieux que d'aller dans le pub et perdre sa réputation. Elle avait partiellement perdu sa réputation car au supermarché local Aldi, on pouvait régulièrement la voir avec

un panier plein de bouteilles de vin. Mais ce que la ville voulait **vraiment savoir c'était ce qu'elle faisait vraiment et pourquoi vivait-elle toute seule**?

Marta also had a secret which she did not hide, she loved to drink wine. She drank one or two bottles of red wine a day and she preferred to drink alone. She began drinking in the early afternoon and continued until the early evening. She thought what she did was better than going to the pub and losing her reputation there. But she had already lost her reputation because at the local supermarket Aldi, one could see her regularly with a basket full of wine bottles. What the people in town really wanted to know was what she was doing for a living and why did she live by herself?

Parfois, elle semblait aussi partir en voyage. Un jour avant Noël, un sombre véhicule était garé devant sa maison. **Des hommes et des femmes en uniformes**; était-ce la police? Nous ne savons pas. Fait intéressant, quelques jours plus tard un autre **véhicule** était garé devant sa porte. Cette fois-ci, il s'agissait d'un Van blanc. Marta portait ses lunettes de soleil de ses jours d'hiver sombre et elle rentra à la hâte à l'intérieur du véhicule et la voiture disparut. Un voisin déclara que la voiture avait une plaque d'immatriculation étrangère avec un minuscule drapeau bleu et blanc dessus.

At times she also seemed to be going on trips. One day before Christmas, a dark vehicle was parking in front of her house. Men and women in uniform. Was it the police? We don't know. Interestingly, a few days later another vehicle parked there. This time it was a white van. On that dark winter day Marta wore her

sunglasses, she was rushed into the vehicle and then the car disappeared.
A neighbor said the car had foreign license plates with a tiny blue and white flag on it.

Summary

Marta lives in a small town. People say she is an alcoholic because she often buys alcohol. One day, people in uniform came to visit her. She was last seen driving off with strangers in a white van with foreign plates. It seemed she was part of a foreign organization.

Résumé

Marta vit dans une petite ville. Les gens disent qu'elle est alcoolique car elle achète souvent de l'alcool. Un jour, des gens en uniformes vinrent lui rendre visite. Elle fut vue une dernière fois partant en voiture avec des étranger dans un van blanc avec une plaque étrangère. Elle semblait faire partie d'une organisation étrangère.

Most common every-day and key vocabulary

old lush / drunkard
alcoolique / ivrogne

insignificant town
ville insignifiante

many people
beaucoup de personnes

regularly
régulièrement

Marta ate here
Marta mangeait ici

grown up daughter
fille adulte

going to study in Paris
qui allait étudier à Paris

taking a walk
promener

open secret
secret dont on ne se cache pas

..that she was not working
..qu'elle ne travaillait pas

she preferred to drink alone
elle préférait boire seule

she began / started..
elle commençait..

à boire jusqu'à ce que le soir
to drink until evening

would not have risen
ne se fût levé

nobody knew what she was really doing
personne ne savait ce qu'elle faisait vraiment

she lived by herself -
vivait-elle toute seule

men and women in uniform
des hommes et des femmes en uniformes

shopping cart
panier d'achat

hurried / hastingly
à la hâte

foreign plates
plaques d'immatriculation étrangères

Répondez aux questions suivantes. Il y a une seule réponse correcte pour chaque question:

1. Que dissent les personnes âgées sur Marta?
a. Elle vient de Roumanie
b. Elle cherche un mari
c. Elle cherche un nouveau travail
d. Elle vient du Pays de Galles

2. Quel était le secret de Marta?
a. Elle voyageait beaucoup
b. Elle aimait boire un verre de vin rouge
c. Elle avait une fille
d. Elle était enceinte

3. Qu'arriva-t-il la veille de Noël?
a. Une voiture sombre se gara en face de sa maison
b. Son fils lui a rendu visite
c. Elle buvait du vin rouge
d. Un voisin appela la police

4. Que déclara un voisin?
a. Elle est alcoolique
b. Elle est une espionne
c. Un véhicule avec des plaques d'immatriculation étrangères est venu la chercher
d. Son fils est venu et elle est partie avec lui

Solutions de la nouvelle 4
1a 2b 3a 4c

Le Femme de Ménage Polonaise

The Polish Maid

Maria vient de Pologne et travaille deux fois par semaine comme **charlady dans une grande maison**. La maison appartient à Mme Carling, qui vit seule.
De temps à autres, son fils vient lui rendre visite. Son fils est sans emploi et reçoit plus d'argent de sa mère.

Maria comes from Poland and works twice a week as a maid in a big house. The house belongs to Mrs. Carling who lives alone. Sometimes her son comes to visit her. Her son is unemployed and receives money from his mother.

Le fils vit dans un endroit avec des amis. Le fils vient souvent **le matin** voir sa mère et **regarde la télévision**. Si le temps est agréable, il s'assoit dans une chaise sur la terrasse et boit une bière.
Maria doit porter les bouteilles de bière vides dans le sous-sol. Son fils commande la bière à un **vente de gros**.

The son lives at a friends' place. The son often comes in the morning hours to his mother's house and watches TV. If the weather is fine, he sits in a chair on the terrace and drinks beer. Maria has to carry the empty beer bottles into the basement. There are lots of cases with full beer bottles stored in the basement. Her son buys the beer wholesale.

Mme Carling travaille dur. Elle travaille dans une usine et rentre tard à la maison. Elle appelle souvent son fils et Maria.

Un jour, le fils vint jusqu'à Maria et dit:
«Je vais faire un voyage en Espagne **pendant quelques semaines**. Ne le dîtes pas à ma mère.
Faites-le apparaître comme tout serait normal».
«Pas de problème» dit Maria.
Les jours suivants tout **semble être normal**. Mme Carling appelle Maria et lui demande où son fils était et si tout allait bien.
«Oui, Mme Carling, tout va bien».
Maria est assise sur la terrasse et boit une bière. Elle portera les bouteilles vides au sous-sol.

Mrs. Carling is working hard. She works in a factory and comes home late. She often calls her son and Maria.
One day the son approaches Maria and says, "I'm going to take a trip to Spain for a few weeks. Don't tell my mother. Make it appear as everything would be normal".
"No problem", says Maria.
The following days everything seems to be normal. Mrs. Carling calls Maria and asks her where her son is and if everything was fine.
"Yes, Mrs. Carling, all is well". Maria sits on the terrace and drinks beer. She will carry the empty bottles into the basement.

Summary

Maria works as a maid in a country house for a woman. Her son sometimes comes to stop by to drink beer while his mother is still working. The son travels secretly to Spain and Maria acts like everything is normal and drinks his beer.

Résumé

Maria travaille comme servante dans une maison de campagne pour une femme. Elle habite avec son fils, qui vient parfois de boire de la bière, tandis que sa mère son travail. Le fils voyage secrètement en Espagne et Maria agit comme si tout était normal et boit sa bière.

Most common everyday vocabulary

maid in a big house
femme de ménagey dans une grande maison

once in a while
de temps à autres

unemployed
sans emploi

morning hours
heures du matin

watching TV
regarder la télévision

to store something
stocker quelque chose

wholesale
vente de gros

for a few weeks
pour quelques semaines

make it appear as...
le faire apparaitre comme...

everything seems to be normal
tout semblait normal

Répondez aux questions suivantes. Il n'y a qu'une seule réponse correcte pour chaque question

1. Que fait le fils quand il revient à la maison?
a. Il cuisine le déjeuner
b. Il boit de la bière
c. Il regarde la télévision
d. Il surf sur le net

2. Qu'y a-t-il de stocker dans la cave?.
a. Des boîtes d'épicerie
b. Une télévision
c. Des bouteilles de bière vide
d. Des boîtes pleines de bouteilles de bières

3. Quelle est la profession de Mme Carlington?
a. Elle est femme au foyer
b. Elle est sans emploi
c. Elle travaille dans une usine
d. Elle travaille dans un restaurant

4. Quel est le plan du fils de Mme Carlington?
a. Il veut voyager en Espagne
b. Il veut mettre des bières dans la cave
c. Il essaie de trouver du travail
d. Il veut aider sa mère dans la maison

Solutions de la nouvelle 10
1c
2d
3c
4a

Le Trésor dans les Bois

The Treasure in the Woods

Tony est un romantique. Bien qu'il n'ait que 18 ans **à cette époque**, il était plus intéressé par les **livres d'histoire** que les jeunes filles, autres que ses amies et ses **camarades de classes**.

Tony is a romantic person. Although at that time he was already 18 years old he had been more interested in history books than in young girls, unlike his friends and classmates.

Quand il n'arrivait pas à dormir ou qu'il n'était pas occupé avec ses **devoirs**, il avait l'habitude de **dormir** sur le canapé et rêvait d'avoir beaucoup d'argent un jour. Une après-midi, il s'endormit sur le canapé. Il eut un **rêve animé**. Il rêva qu'il avait trouvé un trésor sur une île.

When he didn't sleep or wasn't busy with his homework he used to doze on the couch and was dreaming of having a lot of money. One afternoon he fell asleep on the couch. He had a lively dream. He dreamed of having found a treasure on an island.

Il trouva le **coffre**, l'ouvrit et un petit nuage de **fumée** en sortit. La fumée se transforma en bouche et une veille **voix** dit : Lève-toi, va dans la forêt, tu y trouveras une carte. C'est une **carte au trésor**. La carte sera enterrée sous un vieux pin. La fumée s'approcha de son **visage**, soudainement, John ne pouvait plus **respirer**, et il pensait qu'il était en train de s'étouffer.

John se souvint que ce jour-là était un dimanche et que cela devait déjà être **l'après-midi**.
C'était déjà l'automne, le brouillard se trouvait dans le paysage. Derrière la maison, un chemin commençait, **qui menait directement à la forêt.** Il suivit la piste et il ne fit pas cent mètres, qu'il vit déjà le pin et derrière, il pouvait voir une fumée blanche et fine s'élever dans le ciel. James **creusa dans le sol** et trouva un petit tube et à l'**intérieur**, il trouva un **rouleau** défait.

He found the chest, opened it, and a small cloud of smoke came out.
The smoke turned into a mouth and a voice said, "Get up, go into the forest, there you'll find a map. It's a treasure map. The map will be buried under an old pine tree. The smoke approached his face, suddenly Tony could not breathe, and he thought he was choking.
Tony remembered that today was a Sunday and that it must have been late afternoon.
It was already autumn; fog was hanging over the landscape. Behind the house was a small trail which led directly to the forest. He followed the trail and did not even walk a hundred yards, when he saw the pine and behind it, he could see fine white smoke rising to the sky. Tony dug into the ground and found a small tube and inside he found a scroll.

Cela ressemblait à une carte bouddhiste. Il l'enroula et rentra. Le lendemain, il alla directement après l'école dans un magasin, où l'or et d'autres objets de valeur pourraient être vendus. **Il ne reçut pas d'argent pour la parchemin**.

Tony rentra à la maison, se coucha sur le canapé et s'endormit. Il rêva qu'il n'aurait jamais besoin d'argent. Alors qu'il se réveillait, il regarda en souriant la carte du trésor.

It looked like a Buddhist letter. He wrapped it up and left. The next day, right after school he went to a store where gold and other valuables could be sold.
He didn't receive any money for the scroll.
Tony went home, laid down on the couch and fell asleep. He dreamed that he would never need any money. As he awoke, he smiled at the scroll.

Summary

John is a dreamy young man. One day he dreamed that he found a treasure in the forest. When he awoke, he tried to find the treasure. Eventually, he found a religious scroll in the woods. It looked like a treasure map. But after another dream he decided that he did not want to find the treasure and that he no longer wanted to be rich.

Résumé

John est un jeune homme rêveur. Un jour il a rêvé qu'il avait trouvé un trésor dans la forêt. Quand il se réveilla, il tente de trouver le Trésor. Finalement, il a trouvé un parchemin religieux dans les bois. Cela ressemblait à une carte au Trésor. Mais après un autre rêve, il a décidé qu'il ne voulait pas à trouver le Trésor et qu'il ne voulait plus être riche.

Most common everyday vocabulary

at that time
à cette époque

history books
livres d'histoire

classmates
camarades de classe

to occupy
occuper

to doze / dozed
sommeiller

chest / coffer
coffre

a lively dream
un rêve animé

smoke
fumée

voice
voix

a treasure map
une carte au trésor

face
visage

to breathe
respirer

afternoon
après-midi

digged into the soil
creusé dans le sol

inside
à l'intérieur

Il ne reçut pas d'argent pour la parchemin
he did not receive money for the scroll

L'argent et le trésor n'étaient plus importants
the money and the treasure were no more important

Répondez aux questions suivantes. Il y a une seule réponse pour chaque question

1. Qu'est-ce qui intéresse Tony?
a. Des livres de cuisines
b. Des livres d'histoire
c. Ses camarades de classe
d. Des voyages

2. Où la carte a-t-elle été enterrée?
a. derrière un pin
b. sous la maison
c. au cimetière
d. nulle part

3. Qu'a trouvé Tony dans le sol?
a. un coffre au trésor
b. un tube avec un rouleau
c. de l'argent
d. une statue de Bouddha

Solutions de la nouvelle 7
1b
2a
3b

L'ermite

The Hermit

Les gens dissent que Michael Harris est un **ermite**. Mais ce n'est **pas entièrement vrai**.

La vérité est qu'il vivait abandonné dans les hauts plateaux de l'Ecosse, loin des villes les plus importantes.
Un ermite est surtout pauvre en **biens matériels** et cela s'applique aussi à Michael. **Aucun radiateur électrique et aucune électricité à proprement parler**.

People say Michael Harris is a hermit. But this is not entirely true.
The truth is that he lived abandoned in the highlands of Scotland, far from any significant town.
A hermit is mostly poor in material goods and this applies also to Michael. No electric heaters and no electricity to speak of.

Mais, il peut en avoir pour cuisiner car il possède une cuisinière et en face de sa maison, il est relié à un générateur.

Il y a assez d'eau ; dans la zone arrière de son habitation l'eau **coule** sur le toit et le long **du** mur jusqu'à ce qu'il disparaisse dans le plancher. Autrement, il est bien équipé. Un grand lit, une petite garde-robe pour les alcôves, une toilette de camping faite main, un stéréo, et pour son ordinateur, il se fait plaisir en se permettant une **connexion** satellite. Pour **charger** ses petits appareils, Il monte sa bicyclette dans la ville.

But he can cook as he has a stove and in front of his house he has connected a generator. There is also enough water; in the back area of his dwelling the water flows from the roof along the wall until it disappears into the floor. Otherwise he is well equipped. A large bed, a small wardrobe for the clothing, a handmade camping toilet, a stereo, and for his computer, he is pleased that he can afford a satellite connection. To load his small appliances, he rides his bicycle into town.

Une fois par semaine, il va en vélo jusqu'au village qui est à 10 miles de là, où il fait ses courses au supermarché. Michael est un **rêveur**, il veut une toilette moderne et, plus important encore, **une vraie fenêtre avec un beau panorama.**
Le problème est que son logement possède plusieurs petites entrées et une large entrée de cinq mètres. **L'entrée** est actuellement ouverte la plupart du temps car il n'y a aucune porte qui convient et la feuille en plastique n'aide pas, s'il pleut ou s'il fait froid dehors.
Mais la vue de cette énorme entrée est fantastique. Michael vit entouré par les montagnes et le bois et d'ici il peut voir une grande vallée et aux montagnes **opposées**. La vue inspire Michael. Il se sent encore jeune et un jour il veut devenir architecte. Si cela ne fonctionne pas, **peut-être écrivain ou artiste.**
Un problème de plus est qu'aucune porte et aucune fenêtre ne convient à la forme inhabituelle de cette énorme entrée.
Ils disent que c'est impossible d'installer une fenêtre panoramique car Michael vit dans une **grotte** où des ours et des êtres humains vivaient il y a dix mille ans.

Once a week, he goes by bicycle to the next village which is 10 miles away where he buys his groceries at the supermarket.

Michael is a dreamer, he wants a modern toilet and, more importantly, a real window with a beautiful panorama.

The problem is that his dwelling has several small entrances and one wide entrance of five meters. The entrance is currently open most of the time, there is no suitable door and the plastic sheet does not help when it's raining or cold outside.

But the view from this huge entrance is fantastic. Michael lives surrounded by mountains and woods and from here he can look over a large valley and the opposite mountains. The view inspires Michael. He still feels young and one day he wants to become an architect. If that doesn't work, perhaps a writer or an artist.

Another problem is that no door and no window fits the unusual shape of this huge entrance.

They say it's impossible to install a panoramic window, because Michael lives in a cave where bears and early humans had lived ten thousand years ago.

Summary

Michael lives as a hermit and dreams of installing a large panoramic window in his home. Although he can survive in his home, life is difficult. It is impossible to install a large window there because he lives in a cave

Résumé

Michael vit comme un ermite et rêve d'installer une grande fenêtre panoramique dans sa maison. Bien qu'il peut survivre à son domicile, la vie est difficile. Il est impossible d'intégrer une telle fenêtre grande parce qu'il vit dans une grotte

Most common everyday and key vocabulary

hermit
ermite

partly true
en partie vrai

border
frontière

la vérité est que
the truth is that

couler
to flow

outside of / out of town
à l'extérieur/hors de la maison

une fois par semaine
a few times a week

material goods / assets
biens matériels / actifs

une vraie fenêtre avec un beau panorama
a real window with a beautiful panorama

dwelling
habitation

connection
connexion

charge
charger

dream
rêve

entrance
entrée

view
vue

opposite
opposé

writer
écrivain

peut-être écrivain ou artiste.
maybe a writer or artist

Répondez aux questions suivantes. Il n'y a qu'une seule réponse correcte

1. Dans quel pays/état vit Michael?
a. Il vit en Angleterre
b. Il vit à l'étranger
c. Il vit aux Pays de Galles
d. Il vit en Ecosse

2. Qu'est-ce que Michael a relié à sa maison?
a. Un générateur
b. Une cuisinière
c. Une machine à laver
d. Un télévision

3. Quelle profession Michael voudrait-il faire un jour?
a. Il veut devenir un architecte
b. Il veut devenir un cuisinier
c. Il n'a pas encore de plans
d. Il veut devenir un enseignant

4. Que fait Michel, une fois par semaine?
a. Il rend visite à ses parents
b. Il va en vélo jusqu'au village
c. Il prend le bus à Berlin
d. Il cuisine un repas chaud

Solutions de la nouvelle 8
1d
2a
3a
4b

Les Américains en Allemagne

Americans in Germany

Berta et Willi sont des **retraités**, ils sont **originaires** de Hamburg mais ils passent la plupart de leur temps en Bavière, un état au Sud de l'Allemagne. Pendant de nombreuses années, ils avaient acheté une **maison de campagne** dans un village.

Willi travaillait comme conducteur de bus et sa femme **Berta travaillait au supermarché.**

Un après-midi la porte d'entrée se mit à sonner.

Willi ouvre la porte et en face de lui se tient un homme avec deux enfants. **Des étrangers**.

«Bonjour, comment puis-je vous aider?» demande Willi.
L'homme répond dans une **langue** qu'il ne comprend pas. Willi appelle sa femme. Berta salue les gens qui parlent avec enthousiasme mais Berta et Willi ne comprennent pas un mot.
« Je pense qu'ils parlent anglais. » dit Berta.

Les enfants hochent la tête et semblent presque **encouragés**.

Soudainement, l'homme met sa main dans sa poche et prend une photo en noir et blanc. Il la montre à Berta et Willi. Willi met ses lunettes et **acquiesce gentiment**.
La famille félicite Willi et les enfants embrassent Willi.

Sans **hésitation**, l'étrange famille rentre dans la maison. Ils parlent dans leur langue et ils semblent être encore plus heureux. L'homme pointe l'horloge de coucou et puis il pointe **avec son doigt sa poitrine.**

Berta sourit. «Il semble posséder la même.»
L'enfant va dans la cuisine et ouvre le frigo.
Berta et Willi lui suivent.

«**Vous avez faim?**» demande Berta.
«Aujourd'hui, nous mangeons une choucroute avec des saucisses. Je vais la réchauffer pour vous.»

Les enfants **embrassèrent** Berta et l'étrange homme secoue la main de Willi. **A table, ils mangèrent et rirent et soudainement,** Willi comprit quelques mots des étrangers.

«Amérique, grand-père !» Willi et Berta acquiescent gentiment, les étrangers parlent tous à la fois.

Soudainement, la famille se relève, embrasse Berta et Willi. **Sur le départ**, l'homme étrange donne la photographie à Willi.

Willi acquiesce gentiment. La famille finit par partir. Willi regarda de nouveau l'image et dit à Berta:
«Ce doit être l'ancien **propriétaire** quand il était jeune. »
«Oui, **qui étaient ces personnes**?»

Berta and Willi are pensioners, they are from Hamburg but spend most of their time in Bavaria, a state in southern

Germany. Many years ago they bought a country house in a village.

Willi worked as a bus driver and his wife Berta worked in a supermarket.

One afternoon the front door rang.

Willi opens the door and in front of him stands a man with two children. Strangers.

"Hello, how can I help you", Willi asks. The man responds in a language he doesn't understand. Willi calls his wife. Berta greets the people who talk enthusiastically, but Berta and Willi don't understand a word.
"I think they speak English", says Berta.

The children nod their heads and seem somewhat encouraged. Suddenly, the man puts his hand in his pocket and takes a black and white photo out. He shows it to Berta and Willi. Willi puts his glasses on and nods. The family gets excited, the children even embrace Willi.
They speak in their own language and they seem to be very happy. The man points to the cuckoo clock on the wall and then he points with his finger to his chest.

Berta smiled. "He seems to have the same."

The children go to the kitchen and open the refrigerator.
Berta and Willi follow them.
"Are you hungry", asks Berta.

"Today we have sauerkraut with sausages. I'll warm it up for you".

The children kiss Berta and the strange man shakes Willi's hand. At dinner they eat and laugh, and suddenly Willi understands a few words.
"America, grandfather!"
Willi and Berta agree, but the foreigners speak all at once.

Suddenly, the family gets up, and kiss Berta and Willi goodbye. While leaving, the strange man gives the photograph to Willi.

Willi nods friendly. The family finally leaves. Willi looks again at the photo and says: "It must be the former house owner when he was young. "
She responds: "But who were these people?"

Summary

Willi and his wife Berta are retired and live in a small village in Germany. One day they get a visit from a strange family who don't speak German. The foreigners make their way into the house and seem to be happy and excited. After a free meal they leave, Will and Berta still don't not know who these people were.

Résumé

Willi et sa femme Berta sont des retraités et vivent dans un petit ville en Allemagne. Ils ont la visite d'une étrange famille qui ne parle pas Allemand. La famille rentre dans la maison et essaie de parler aux retraités. Les étrangers sont heureux et excités. Après le repas, ils partent et Willi et Berta ne savent pas qui ils étaient.

Most common everyday vocabulary

pensioners / retirees
retraitées

originally
originalement

country house
maison de campagne

from humble homes
de familles modestes

Berta travaillait au supermarché
Berta used to work in supermarkets

bus driver
conducteur de bus

happy
heureux

unknown
inconnu

language
langue

cheer
acclamation

suddenly
soudainement

hesitate
hésiter

he nods friendly
il acquiese gentiment

are you hungry?
vous avez faim?

embrace / hug
embrasser/faire un câlin

when they left
sur le départ

proprietary
propriétaire

who were these people
qui étaient ces gens

Répondez aux questions suivantes. Il n'y a qu'une réponse correcte pour chaque question

1. Que faisait Berta avant de partir à la retraite?

a. Elle travaillait dans un supermarché
b. Elle travaillait dans une ferme
c. Elle était femme au foyer
d. Elle vivait à l'étranger

2. Que sort l'étrange homme de sa poche?

a. Un pistolet
b. Un envelope avec de l'argent, parce qu'il voulait acheter la maison
c. Une photographie
d. Un cadeau

3. Qu'offre Berta aux enfants dans la maison?

a. Une horloge à coucou
b. De la nourriture de ferme
c. Une photographie de la maison
d. Une enveloppe avec de l'argent à l'intérieur

4. Que fait la famille étrange, alors qu'ils partent?

a. Ils embrassent Willi et Berta
b. Ils donnent la photo à Willi et Berta
c. Ils donnent une envelope pour Willi et Berta
d. Ils s'en vont sans dire ou faire quelque chose

Solutions de la nouvelle 9

1a
2c
3b
4b

La Soirée Barbecue

The Barbecue Evening

Thomas et Ana ont des enfants qui vivent toujours dans leur maison, mais **le couple** a été **séparé** pendant une courte période.

Les parents de Ana sont tous les deux proches des quatre-vingts ans et fêtent leur **anniversaire de mariage d'argent** ce week-end.

Il est temps : un bel et chaud été et le père d'Ana, James eut une idée. Pourquoi ne pas organiser une **soirée en barbecue** dans le jardin de Thomas? Les amis, les enfants et les proches – tous viendraient.

De plus, James a toujours aimé Thomas. Après tout, ils étaient tous les deux **chasseurs** dans un club de chasse. Séparation ou pas, ce serait une bonne soirée de barbecue. James appelle sa fille et attend une **réponse** pour le week-end. Cela demande à Ana beaucoup de **d'efforts pour convaincre** Thomas de jouer le maître du barbecue dans son propre jardin avec tous les convives.

Thomas accepte. Samedi dans l'après-midi, il est temps de commencer. Le grille est chauffé jusqu'à ce qu'il brille, les saucisses et le porc sont places sur le grille, **les enfants jouent et les adultes boivent de la bière**.
La musique sort d'une ancienne stéréo.

James aide Thomas au grill bien que ce **soit difficile** physiquement pour lui. Il avait oublié ses lunettes. Soudainement, Thomas se rappela qu'il avait un cadeau pour James.

Il court rapidement jusqu'à la voiture et il sort un petit paquet qu'il tendit à James. James est assez surpris quand il ouvrit son cadeau. C'est un gros **couteau de chasse** avec une poignée en corne!

Thomas explique que c'est un couteau très spécial fabriqué par un **coutelier britannique traditionnel**. Un couteau pour les **collectionneurs**! La belle soirée s'est terminée. Quand Thomas est sur le point de partir, Ana l'embrassa et lui dit qu'elle veut lui parler le lendemain.

Le dimanche Thomas et Ana se revirent. Elle se sentait toujours très **reconnaissante** pour la magnifique soirée barbecue.

Ils ont une conversation et Thomas lui dit, que pendant leur relation tout ne fut pas mauvais. Ana fit une **proposition** à Thomas; pour les enfants, ils pouvaient **vivre de nouveau ensemble**.

En effet, après une semaine, la famille s'est de nouveau déplacée. Thomas est très heureux, surtout parce qu'il a acheté le couteau à bon marché sur un marché en Thaïlande en vacances individuelles.

Thomas and Ana have children who still live at home, but the couple has been separated for a while.

Ana's parents are both almost eighty years old and celebrate their silver wedding anniversary this weekend.

It's time: a beautiful hot summer and Ana's father, James has an idea. Why not organize a barbecue party in Thoma's garden? Friends, children and loved ones - they would all come.

The truth is, James always liked Thomas. After all, they were both hunters in a hunting club. Separation or not, it would be a good barbecue evening.

James calls his daughter and expects an answer for the weekend. It requires Ana a lot of effort to convince Thomas to be the grill master in his own garden and entertain all the guests.

Thomas agrees. It's Saturday afternoon as the party starts. The grill is heated, sausages and pork are placed on the grill, the children play and the adults drink beer.

Music blasts out of an old stereo. James helps Thomas at the grill although it is physically challenging for him. He had forgotten his glasses. Suddenly, Thomas remembered that he has a gift for James.

He runs quickly to the car, pulls out a small package and hands it to James. James is quite surprised when he opens his gift. It's a big hunting knife with a horn handle!

Thomas explains that this is a very special knife made by a traditional cutler. A knife for collectors! The beautiful evening ends. When Thomas is about to leave, Ana kisses him thankfully, and tells him she wants to talk to him the next day.

The next Sunday, Thomas and Ana see each other again. She is very grateful for the wonderful party. They have a conversation and Thomas tells her that in their relationship not everything was bad. Ana makes a suggestion. For the children, they could live together again.

Indeed, after a week the family moved together again. Thomas is very happy, especially because he bought the knife cheaply at a market in Thailand on a single vacation.

Summary

Thomas and Ana have been divorced. For their parents' wedding anniversary, they are organizing a BBQ party with the whole family. Thomas gives a special hunting knife to Ana's father. As a result of the family gathering Ana and Thomas are moving back together. But it Turned out that Thomas bought the hunting knife on his single vacation in Thailand.

Résumé

Thomas et Ana ont divorcé. Car l'anniversaire de mariage d'argent de leurs parents, ils organisèrent une soirée barbecue avec toute la famille. Thomas donne un couteau de chasse spécial au père d'Ana. Ana est très contente et elle et Thomas emménagent de nouveau ensemble. Thomas a ramené le couteau de chasse de ses vacances pour célibataires en Thaïlande.

Most common every-day vocabulary

the couple
le couple

evening
soirée

hunter
chasseur

promise / acceptance
promesse / acceptation

conviction
conviction

it was difficult
C'était difficile

gift / present
cadeau

hunting knife
couteau de chasse

coutelier britannique traditionnel
traditionnel British knifemaker

la musique sort d'une ancienne stéréo
the music was played from an old stereo

the children play and the adults drink beer
les enfants jouent et les adultes boivent de la bière

collector
collectionneur

thankful
Reconnaissant

proposal
proposition

living together again
vivre de nouveau ensemble

market
marché

Répondez aux questions suivantes. Il y a une seule réponse correcte pour chaque question

1. Que planifient les parents d'Ana pour le week-end?
a. L'anniversaire de mariage en argent
b. Un voyage
c. Un mariage
d. La visite de leur fille

2. Pourquoi Thomas dit que le couteau est un couteau spécial?
a. Parce que c'est un couteau de chasse
b. Parce que c'est un couteau traditionnel
c. Parce que c'est un cadeau
d. Parce qu'il n'est pas cher

3. Quelle est la réaction d'Ana au festin?
a. Elle est très reconnaissante
b. Elle devient folle
c. Elle planifie une autre soirée barbecue
d. Elle emménage chez ses parents

4. Pourquoi Thomas est très heureux après la soirée barbecue?
a. Parce qu'il va se marier avec Ana
b. Parce qu'il avait acheté le couteau bon marché
c. Parce qu'il voyage en Thaïlande
d. Parce qu'il était le maître du barbecue

Solutions de la nouvelle 10
1 a
2 b
3 a
4 b

French Phrasebook

700 Realistic Phrases

Phrases for Formal & Informal Introductions

1. What's your name?
Comment tu t'appelles? (formal)
Comment vous appelez vous? (informal)
Koh mon tu tah pel?
Koh mon vooh a pe lay vooh?

2. To ask someone's name (informal, friends)
Demander le prénom d'une personne
Duh mon day luh pray nom dune pair sohn

3. My name is (first and last name)_______.
Je m'appelle (nom et prénom)_____.
Je ma pel (non ay pray nom)

4. I'm pleased to meet you / Nice to meet you
Je suis ravi de vous rencontrer / Heureux de vous rencontrer
Je suis ravi de te rencontrer / Heureux de te rencontrer
Je swee ra vi doh vooh rehn con tray / oh roh doh vooh rehn con tray
Je swee ra vi doh toh rehn con tray / oh roh doh toh rehn con tray

5. Glad you came
Content que vous soyez là
Content que tu sois là
Con ton kuh vooh swa yay la
Con ton kuh two swa la

6. It was a pleasure meeting you
Ce fut un plaisir de vous rencontrer
Ce fut un plaisir de te rencontrer
Soh fu ton play zehr doh vooh ren con tray
*Soh fu ton play zehr doh toh ren con tr*ay

7. This is my friend John
C'est mon ami John
Say mon ami John

8. John, this is my sister Helga
John, voici ma soeur Helga
John, vwa see ma sir Helga

9. Do you speak English?
Est-ce que vous parlez anglais?
Ehs-kuh vooh pahr-ley ahn-gleh?

Greetings and How to Address People

10. Thank you very much!
Merci beaucoup!
Mer see bow
cooh!

11. All okay
Tout va bien
Two va bee en

12. No thanks
Non merci
Nohn mer see

13. Your are welcome
Ton est bienvenue
Ton ay bee
en voh noo

14. Excuse me, please
Excusez-moi, s'il vous plaît
Excuse-moi, s'il te plaît
Ex cu zey mwah, seal vooh play
Ex cuse mwah, seal toh play

15. Sorry
Désolé
Day soh lay

I am sorry
Je suis désolé

Je swee day soh lay

16. This is very kind
C'est gentil
Say shon tee

Phrases for Greeting Friends & Family

17. Good morning!
Bonjour
Bon sure

18. Good evening
Bonsoir
Bon sware

19. How are you?
Comment vas-tu?
Comment allez-vous?
Koh mon va two?
Koh mon tal ey vooh?

20. Very well, thank you.
Je vais bien merci.
Je vay bee en mer see

21. See you later
À plus tard
Ah ploo tar

22. Until then
jusque là
Joos keh la

23. Good night
Bonne nuit
Bon nwui

24. What's going on?
Qu'est-ce qu'il se passe?
Kes suh kil suh pas?

25. What's happening?
Qu'est-ce qu'il se passe?
Kes suh kil suh pas?

26. Let me introduce you to my mother
Laissez moi vous présenter ma mère
Laisse moi te présenter ma mère
Les say mwah vooh pray son tay ma mare
Les mwah toh pray son tay ma mare

27. Do you have siblings?
Avez-vous des frères ou soeurs?
As-tu des frères ou soeurs?
Av ay vooh dey frare oo sir?
Ah two day frare oo sir?

28. This is my brother
C'est mon frère
Say mon frare

29. This is my sister
C'est ma soeur
Say ma sir

30. **T**his is my uncle
C'est mon oncle
Say mon on cleh

31. This is my aunt
C'est ma tante
Say ma tont

32. This is my grandmother
C'est ma grand-mère
Say ma gron mare

33 This is my grandfather
C'est mon grand-père
Say mon gron pair

34. I have a son / I have a daughter
J'ai un fils/ J'ai une fille
Jay uhn feece/ Jay une feeh

35. I am waiting for my mother
J'attends ma mère
Ja tohn ma mare

36. When can we meet?
Quand pouvons-nous nous rencontrer?
Kohn poo vohn nooh nooh ren kohn tray?

37. Where can we meet?
Où pouvons-nous nous rencontrer?
Oo poo vohn nooh nooh ren kohn tray?

38. This person is part of my family
Cette personne fait partie de ma famille
Set pair son fay par tee duh ma fa meey

39. have a boyfriend / a girlfriend
J'ai un copain/ une copine
Jay uhn coh pan/ une koh peen

40. I invite you to meet my family
Je vous invite à rencontrer ma famille
Je t'invite à rencontrer ma famille
Je vooh sahn veet ah ren con tray ma fam ee
Je ton veet ah ren con tray ma fam ee

41. Visit me at home
Viens me voir à la maison
Venez me voir à la maison
Vi en muh vwar ah la may son
Ve nay muh vwar ah la may son

Personal Interactions & Everyday Phrases

42. I want, I don't want
Je veux, je ne veux pas
Je voh, je nuh voh pah

43. I would like..
J'aimerai...
Jay muh ray

44. Where is..?

Où est..?
Oo ay..?

45. How much does it cost?
Combien ça coûte?
Kohn bee en sah koot?

46. What time is it?
Quelle heure est-t'il?
Kel erh ay teel?

47. Do you have...? -
Avez-vous…?
As-tu…?
Ave ay vooh...?
Ah two...?

48. I have / I don't have...
J'ai / Je n'ai pas...
Jay / Je nay pah

49. I understand / I don't understand
Je comprends / Je ne comprends pas
Je kohn pron / je nuh com pron pah

50. Do you understand?
Comprenez-vous?
Tu comprends?
Kohn pruh nay vooh?
Two kohn pron?

Flight & Hotel Phrases

51. I am looking for a hotel
Je cherche un hotel
Je shareshh uhn oh tel

52. I need a room with a bathroom
J'ai besoin d'une chambre avec une salle de bain
Jay bow zwan dune shan bre ah vec une sal duh ban

53. Do you have a cheaper room?
Avez-vous une chambre moins chère?
As-tu une chambre moins chère?
Av ay vooh une shan bre mwan share?
Ah two une shan bre mwan share?

54. Can you call me a taxi, please?
Pouvez-vous appeler un taxi, s'il vous plait?
Peux-tu appeler un taxi s'il te plait?
Pooh vay vooh ah pol ay uhn taxi, sil vooh play?
Poh two ap pol ay uhn taxi, sil tuh play?

55. Bring me to the airport!
Amenez-moi à l'aéroport!
Emmènes-moi à l'aéroport
Ah muh nay mwah ah la ay roh por

56. When is the next flight to..?
Quand est le prochain vol pour …?
Kohn ay luh pro shan vol por...?

57. At what time does the flight from...arrive?
À quelle heure le prochain vol de... arrive?
Ah kel erh luh pro shan vol duh... ah reev?

58. Where is the exchange?
Où est l'échange?
Oo ey lay shange?

59. Where is the bank?
Où est la banque?
Oo ay lah bonk?

60. Where is the bus station? -
Où est la station de bus?
Oo ay la stah sion duh boos?

61. Where can I buy a ticket to...?
Où puis-je acheter un ticket...?
Oo pweegh ash she tay uhn tee kay...?

62. I pay the ticket with my credit card
Je paie le ticket avec ma carte de crédit
Je pay luh tee kay ave ek ma cart duh cray dee

63. I like to order a coffee
Je voudrais commander un café
Je voo dray ko mon day uhn ca fay

64. Can I have the menu please?
Puis-je avoir le menu?
Pweegh av whaar luh muh new?

65. We would like to reserve a table
Nous aimerions réserver une table
New aim oo ree yon ray sir vay uhn tab luh

66. Do you have vegetarian meals?
Avez-vous des plats végétariens?
As-tu des plats végétariens?
Ave ay vooh day plah vay jay tar ree on?
Ah two day plah vay jay tar ree on?

67. I like to have my steak medium rare -
J'aimerai avoir mon steak mi-saignant
Jay muh ray ave war mon steak me say neon

68. The food is unacceptable
La nourriture est inacceptable
Lah new ree ture ay in ahk sep tab le

69. Bring me something else
Amenez-moi quelque chose d'autre
Ah mon ay mwah kel kuh shows dot egh

70. I would like to order a glass of white wine
Je voudrais commander un verre de vin blanc
Je vooh dray koh mon day uhn vare duh vin blon

71. The bill / check please -
L'addition s'il vous plait
La dee sion sil vooh play

72. The tip is not included
Le pourboire n'est pas inclut

*Luh por bwar nay pah uhn clu*e

Shopping and Renting

73. We are looking for a good souvenir
Nous cherchons un bon souvenir
New shareshon uhn bon soo vuh near

74. Do you have a larger size? This is too small
Avez-vous une taille plus grande? C'est trop petit
As-tu une taille plus grande? C'est trop petit
Ave ay vooh uhn tie plew gron duh? Say troh puh tee
Ah two uhn tie plew gron duh? Say troh puh tee

75. How much is it?
combien est-il?
***koh**m baen eh el?*

76. Is the price negotiable?
Est-ce que le prix est négociable?
Eh soh koh luh pree eh nay go see ab luh?

77. I only want to buy fresh ingredients
Je ne veux acheter que des ingrédients frais
Je nuh vooh ash uh tay koh day uhn grey dee on fray

78. How much is the weekly rent?
Combien pour la location hebdomadaire?
Kohn bee en poor la loh ka sion eb doh mah dare?

79. Do we have to pay a deposit?
Devons-nous payer une caution?
Duh vohn nooh pay yay uhn koh sion?

80. We are looking for a furnished room
Nous cherchons une chambre meublée
Nooh share shon uhn shon bra muh blay

81. We like to rent this room by the month
Nous aimerions louer cette chambre pour le mois
Nooh em oh ree on loo ay set shon bra por luh mwah

82. When do I get my money back?
Quand vais-je récupérer mon argent?
Kohn vaysh ray coo pay ray mohn arh shon?

83. The house needs to be cleaned
La maison doit être nettoyée
Lah may sohn dwar et nay twar yay

Asking Directions

84. Where is..?
Où est…?
Ooh ay..?

85. Can you tell me the way to..?
Pouvez-vous me dire le chemin vers… ?
Peux-tu me dire le chemin vers…?
Poo vay vooh muh deer luh shuh mon vair...?
Puh two muh deerluh shuh mon vair...?

86. Can you show me on the map?
Pouvez-vous me montrer sur la carte?
Peux-tu me montrer sur la carte
Pooh vay vooh muh mon tray sur la cart?
Pooh two muh mon tray sur la cart?

87. Can you walk?
Pouvez-vous marcher?
Peux-tu marcher?
Poo vay vooh mar shay
Puh two mar shay?

88. Where are the toilets?
Où sont les toilettes?
Oo son lay twa let?

89. Is it near?
Est-ce près?
Ess pray?

90. Is it far?
Est-ce loin?
Ess lwan?

91. Is there a bus?
Y'a-t'il un bus?
Ya til uhn boos?

92. Where does this road go to?
Où va cette route?
Ooh vah set root?

93. Which direction?
Quelle direction?
Kel dee rek sion?

94. I am looking for the next exit
Je cherche la prochaine sortie
Je sharesh la pro shen sor tee

95. Is this the street to...?
Est-ce la rue vers…?
Ess lah roo vair...?

96. Where can I find the....?
Où puis-je trouver le … ?
Oo pweegh trow vay luh...?

97. Left
gauche
Gowsh

98.Right
droite
droah

99. Turn right
Tournez à droite
Tour nay ah dwat

100. On the corner
Au coin
Oh kwan

101. Opposite the gas / petrol station
Opposé de la station essence
Oh poh say duh lah sta sion ay sohnse

102. You have to go back
Vous devez revenir en arrière
Tu dois revenir en arrière
Vooh duh vay ruh vuh near uhn ah rey egh
Two dwar ruh vuh near uhn ah rey egh

103. Keep going straight ahead
Continuez d'avancer tout droit
Kohn tee new ay da von say two dwar

104. Take the road for...
Prenez la route pour...
Pruh nay lah root por...

105. Under the bridge
Sous le pont
Soo luh pon

106. At the crossroads
Au carrefour
Oh car forh

107. You go as far as..
Vous allez aussi loin que ...
Vooh sal ey oh see lwan kuh

108. next to the supermarket
À côté du supermarché
Ah koh tay du soo pair mar shay

109. To cross the street
Pour traverser la rue
Por tra vair say lah rue

110. On the second floor
Au deuxième étage
Oh duh siem ay taj

111. The supermarket is in front of the church.
Le supermarché est en face de l'église.
Luh suh pair mar shay ay uhn fass duh lay gleese

112. The embassy is across the street.
L'ambassade est de l'autre côté de la rue
Luhn bah sad ey duh lot koh tay duh la rue

113. The hospital is around the corner

L'hôpital est autour du coin
Low pea tal ay oh tour do kwan

114. About how long will it take?
Combien de temps cela va prendre?
Kohn bee en duh ton suh la vah prond?

115. You go straight, and then you turn left.
Allez tout droit, puis tournez à gauche.
Vas tout droit, puis tournes à gauche
Ah lay two dwar, pew tour nay ah gosh
Vah two dwar, pew torn ah gosh

Transportation Phrases

116. Is the traffic heavy?
Est-ce que le trafic est important?

117. Is there a different way to the airport?
Y'a-t'il un autre chemin vers l'aéroport?

118. What is causing this traffic jam?
Quelle est la cause de l'embouteillage?

119. When will the road be clear?
Quand est-ce que la route sera dégagée?

120. What is the speed limit?
Quelle est la limite de vitesse?

121. Is there a toll on this motorway?
Y'a-t'il un péage sur cette autoroute?

122. Can you clean the windscreen?
Pouvez-vous nettoyer le pare-brise?
Peux-tu nettoyer le pare-brise?

123. We got lost!
Nous sommes perdus!

124. Slow the car
Ralentissez

125. Can you drive faster?
Pouvez-vous conduire plus vite?

126. I need to get out here
Je dois sortir de là

127. We are looking for a gas / petrol station
Nous cherchons une station essence

128. Can I park here?
Puis-je me garer ici ?

129. Where is the nearest parking garage?
Où est le parking le plus proche?

130. How long can I stay here?
Combien de temps puis-je rester ici?

131. Where do I pay?
Où dois-je payer?

132. Fill the tank please
Remplissez le réservoir s'il vous plait

133. This is my drivers license
C'est mon permis de conduire

134. Where is the airport?
Où est l'aéroport?

135. Where is the train station?
Où est la gare?

136. Where is the ticket machine?
Où est la machine à tickets?

137. Is that within walking distance?
Est-ce dans la distance de marche?

138. Where do I transfer?
Où dois-je transférer?

139. How much luggage may I bring?
Combien de bagages puis-je apporter?

140. At what gate will I find the airplane?
À quelle porte vais-je trouver l'aéroport?

141. The flight has been delayed
Le vol a été retardé

142. Does this bus stop in Granada too? -
Est-ce que le bus s'arrête à Grenade?

143. Is there a stopover?
Y'a-t'il une escale?

144. Is there public transportation?
Y'a-t'il un transport public?

145. When do we arrive?
Quand est-ce qu'on arrive?

146. What is the name of the next station?
Quel est le nom de la prochaine station ?

147. Where do we go?
Où allons-nous?

Medical Issues & Emergencies

148. Where is the next hospital?
Où est le prochain hôpital ?

149. Our insurance in the US will pay for this
Notre assurance aux US va payer pour ça

150. My wife needs surgery
Ma femme a besoin d'une chirurgie

151. I need to have my tooth fixed
Je dois me faire réparer une dent

152. Do you have painkillers?
Avez-vous des antidouleurs?

153. I am allergic against... (fish) -
Je suis allergique au... (poisson)

154. I had an accident, send an ambulance
J'ai eu un accident, envoyez une ambulance

155. I need a remedy against headache
J'ai besoin d'un remède contre mon mal de tête

156. I cut myself, do you have a bandage?
Je me suis coupé, avez-vous un pansement ?
Je me suis coupé, as-tu un pansement?

157. Can you send a doctor to my house?
Pouvez-vous envoyer un docteur chez moi?
Peux-tu envoyer un docteur chez moi?

Banking Terms & Phrases

158. I am looking for an ATM
Je cherche un distributeur d'argent

159. Do they change dollars?
Changent-t ils les dollars?

160. I'd like to open a checking account
J'aimerai ouvrir un compte courant

170. I like to open a savings account.
J'aimerai ouvrir un compte épargne.

171. What documents do I need?
De quels documents ai-je besoin?

172. The ATM machine did not dispense notes
Le distributeur d'argent ne distribue pas de notes

173. I want to apply for a personal credit
Je voudrais un crédit personnel

174. I want to cash a cheque
Je veux encaisser un chèque

175. I need cash money from my account
J'ai besoin d'argent liquide de mon compte

Housekeeping

176. We need a charlady / maid
Nous avons besoin d'une femme de ménage

177. Please clean the corners too
Merci de nettoyer aussi les coins

178. Clean the carpet with a vacuum cleaner
Nettoyer le tapis avec un aspirateur

179. Please clean the windows
Veuillez nettoyer les fenêtres

180. Put the bottles into the refrigerator
Mettre les bouteilles dans le réfrigérateur

181. You have to make the bed too
Vous devez aussi faire les lits
Tu dois aussi faire les lits

182. Can you water the plants please?
Pouvez-vous arroser les plantes?
Peux-tu arroser les plantes?

183. Turn down the heating
Éteignez le chauffage

184. Screw a new light bulb into the lamp
Visez une nouvelle ampoule dans la lamp

185. to mop the floor
pour nettoyer le sol

186. Bring the trash outside
Sortir les poubelles

187. Please empty the buckets
Vider les seaux

188. Carry the cases into the basement
Porter les caisses dans la cave

189. Clean the closets too
Nettoyer aussi les armoires

190. Fluff and shake the pillows
Nettoyer les oreillers

191. Close the shutters
Fermer les volets

192. Don't forget to lock the doors
Verrouiller la porte

193. To paint the wall
Peindre le mur

194. Roll up the carpets
Enrouler le tapis

195. The bathroom needs to be cleaned
La salle de bain doit être nettoyée

196. Polish the mirrors
Polir les miroirs

197. You are not allowed to make a break / no pause
Vous n'êtes pas autorisé à prendre une pause

198. We pay once a month
Nous payons une fois par mois

199. Open all the windows
Ouvrez toutes les fenêtres

200. We appreciate your good work
Nous apprécions votre bon travail

201. Housekeeping
Ménagère

Christmas!

201. We are looking for a Christmas gift
Nous recherchons un cadeau de noël

202. Where are the Christmas markets?
Où sont les marchés de noël ?

203. Can you wrap it up please?
Pouvez-vous l'emballer s'il vous plaît?
Peux-tu l'emballer s'il te plait?

204. Do they have a Santa Claus in ......?
Ont-ils le père noël au.... ?

205. We love Christmas time
Nous adorons noël

206. Christmas songs are important
Les chants de noël sont importants

207. We are looking for a Christmas tree
Nous recherchons un sapin de noël

208. We need help to decorate it
Nous avons besoin d'aide pour le décorer

209. We are going to visit our family for Christmas
Nous allons visiter notre famille pour noël

210. What do you have for Christmas dinner?
Qu'avons-nous à manger pour le dîner de noël ?

211. We go Christmas to church
Nous n'allons à l'église qu'à noël

212. I have a Christmas gift for you
J'ai un cadeau de noël pour toi

Guests, Parties and Invitations

213. Please lay the table for dinner
Veuillez mettre la table pour le dîner

214. You are invited
Vous êtes invité
Tu es invité

215. Welcome you to our house
Bienvenue chez nous

216. Please come in
Entrez donc

217. We have prepared dinner for you
Nous avons préparé le dîner pour vous

218. You can bring your family
Vous pouvez ramener votre famille

219. Tonight we are expecting guests
Nous attendons des invités ce soir

220. I have received an invitation
J'ai reçu une invitation

221. We are all one family
Nous sommes seulement une famille

222. This is the key for the main entrance
Ceci est la clé pour l'entrée principale

223. This is the key for the room
Ceci est la clé pour la chambre

224. Where can we leave our luggage?
Où puis-je laisser nos valises?

225. I would like to invite you
J'aimerai vous inviter
J'aimerai t'inviter

226. We want to cancel our reservation
Nous voulons annuler notre réservation

227. We are organizing a barbecue evening
Nous organisons une soirée barbecue

228. We have a bathroom for men and for women
Nous avons une salle de bain pour les hommes et les femmes

229. Do you have a guest house?
Avez-vous une maison pour les invités?

230. We prefer to sleep in a private room
Nous préférons dormir dans une chambre privée

231. We had a great time
Nous avons passé du bon temps

232. There is no smoking in the room
Vous ne pouvez pas fumer dans la chambre

234. Can you please turn down the volume?
Pouvez-vous baisser le son?
Peux-tu baisser le son?

235. Please take the trash outside
Veuillez sortir les poubelles

236. Please clean the room before you leave
Veuillez ranger la chambre avant de partir

237. There is a cleaning fee.
Il y a un frais de nettoyage

238. You have damaged something
Vous avez endommagé quelque chose
Tu as endommagé quelque chose

Insurance - Phrases & Terms

239. Do you have insurance?
Avez-vous une assurance?
As-tu une assurance?

240. Is your car insured?
Est-ce que votre voiture est endommagée?

241. Do you have accident insurance?
Avez-vous une assurance accident?
As-tu une assurance accident?

242. We would like to insure the car
Nous aimerions assurer la voiture

243. I need a household insurance
J'ai besoin d'une assurance habitation

244. Let me get my insurance papers
Laissez moi prendre mes papiers d'assurance

245. I have everything insured
J'ai tout assuré

246. We should file the police report
Nous devrions remplir le rapport de police

247. We should file a damage report
Nous devrions remplir le rapport d'accident

248. Are they going raise our premiums?
Vont-t ils augmenter les primes?

249. We don't agree with appraisal
Nous ne sommes pas d'accord avec l'évaluation

250. I am the beneficiary
Je suis le bénéficiaire

251. We need a free tariff
Nous avons besoin d'un tarif gratuit

252. Where can I buy a car insurance
Où puis-je acheter une assurance voiture

253. I need a health insurance
J'ai besoin d'une assurance vie

254. We'd like to insure our property
Nous aimerions assurer notre propriété

255. Can we pay by annual installments?
Pouvons-nous payer par versements annuels?

256. How much are the deductibles?
Combien coûtent les déductibles

257. I need a travel insurance.
J'ai besoin d'une assurance de voyage

258. Signing of a contract
Signature d'un contrat

259. I need a life insurance
J'ai besoin d'une assurance vie

Renting and Real Estate

260. What kind of neighbors do/will we have here?
Quel genre de voisin avons-nous là?

261. When was this house built?
Quand a été construite cette maison?

262. How much is the property / land tax?
Combien coûte les impôts fonciers?

263. How much are the running costs ?
Quels sont les coûts exécutifs?

264. We would like to view the house
Nous aimerions voir la maison

265. Are you the owner of this property?
Êtes-vous le propriétaire ?

266. Is this house rented?
Est-ce que cette maison est louée?

267. Who is living in this house?
Qui vit dans cette maison?

268. Is there a community pool?
Est-ce une piscine communautaire?

269. How much is the administration fee?
Combien coûte la taxe d'administration?

270. How many square meters has the land?
Combien de mètres carrés fait le terrain?

271. How many floors has this house?
Combien d'étages a cette maison?

272. This house needs to be renovated
Cette maison doit être rénovée

273. How many people are registered in the deed?
Combien de personnes sont enregistrées dans l'acte?

274. Do you have a floor plan?
Avez-vous un plan de l'étage?
As-tu un plan de l'étage?

275. Is this house owned by the bank?
Est-ce que cette maison appartient à la banque?

276. We don't need a realtor
Nous n'avons pas besoin d'un agent immobilier

277. Is the house rented?
La maison est louée?

278. Do you offer financing?
Offrez-vous un financement?
Offres-tu un financement?

Health and Medical Emergencies

279. I am sick
Je suis malade

280. I don't feel well
Je ne me sens pas bien

281. I need a doctor who speaks English
J'ai besoin d'un médecin parlant anglais

282. I need a dentist
J'ai besoin d'un dentiste

283. It's an emergency
C'est une urgence

284. I need an appointment
J'ai besoin d'un rendez-vous

285. My back hurts
J'ai mal au dos

286. I need medicine
J'ai besoin de soins

287. My throat bothers me
J'ai mal à la gorge

288. I have pain in my chest
J'ai des douleurs au torse

289. My stomach hurts
J'ai mal à l'estomac

290. My foot is inflamed
Mon pied est enflammé

291. I broke my arm
Je me suis cassé le bras

292. I prefer natural product
Je préfère les produits naturels

293. I am infected with S.T.D.
Je suis infecté d'MST

294. I have diabetis
J'ai du diabète

296. I have liver problems
J'ai un problème au foie

297. Is my disease serious?
Est-ce que ma maladie est grave?

298. I have a terminal illness
J'ai une maladie terminale

299. It hurts in this part
J'ai mal part là

300. I need painkillers
J'ai besoin d'antidouleur

301. I need a check-up
J'ai besoin d'être vérifié

302. I need new glasses
J'ai besoin de nouvelles lunettes

303. I need a prescription for..
J'ai besoin d'une prescription pour...

304. Where can I find a specialist for..?
Où puis-je trouver un spécialiste pour…?

305. I have private insurance
J'ai une assurance privée

306. I need pills against..
J'ai besoin de pilules contre...

307. I need a diagnostic
J'ai besoin d'un diagnostique

308. Can you call a doctor?
Pouvez-vous appeler un docteur?
Peux-tu appeler un docteur?

309. Can you call an ambulance?
Pouvez-vous appeler une ambulance?
Peux-tu appeler une ambulance?

310. Can you drive me to the hospital?
Pouvez-vous me conduire à l'hôpital

311. I am suffering (under pain)
Je souffre

312. I suffer from indigestion
Je souffre d'une indigestion

313. I threw up
J'ai vomi

314. I am dizzy
J'ai des vertiges

315. I cut myself
Je me suis coupé

316. I need band aid
J’ai besoin de bandages

317. Where is the next pharmacy?
Où est la pharmacie suivante?

318. Does the medicine cause side effects?
Est-ce que le médicament cause des effets secondaires?

Sports and Wellness

319. We like soccer
Nous aimons le foot

320. When does the game start?
Quand est ce que la partie commence

321. Are you a fan of...?
Êtes-vous un fan de... ?
Es-tu un fan de ...?

322. Can we join the group?
Pouvons-nous rejoindre le groupe?

323. We like sports
Nous aimons le sport

324. We play a game
Nous jouons à un jeu

325. Where can we rent a bicycle?
Où pouvons nous louer des vélos?

326. Is there a gym here?
Y'a-t'il une gym ici?

327. How much is membership?
Combien coûte l'adhésion?

328. I need to make exercise to lose weight
Je dois faire de l'exercice pour perdre du poids

329. I like to play tennis
J'aime jouer au tennis

330. I like to swim
J'aime nager

331. I am looking for a yoga group
Je cherche un groupe de yoga

332. I try to find a fitness instructor
J'essaye de rechercher un instructeur fitness

333. Can you help me to lift the weights?
Pouvez-vous m'aider à soulever les poids?
Peux-tu m'aider à soulever les poids?

334. I need aerobics
J'ai besoin d'aérobics

335. I have to start slowly
Je dois commencer doucement

336. We are looking for a good diving spot
Nous cherchons un bon endroit de plongée

Study and Education

337. Where can I register?
Où puis-je m'enregistrer?

338. When is semester break?
Quand sont les vacances?

339. What is your principal area of study?
Quel est votre principal domaine d'étude?

340. When is the examen
Quand sont les examens?

341. Let's to to the university!
Alons à à l'université!

342. What is the campus policy?
Quelle est la politique du campus?

343. How much is the tution fee?
Combien coûtent les frais de scolarité?

344. Are there still enrollment places available?
Reste-t'il toujours des places disponibles?

345. What are the degree courses?
Quels sont les diplômes?

346. Do they offer financial aid?
Offrent-t ils une aide financière ?

347. What major degrees do they offer ?
Quel diplôme majeur offrent-t ils?

348. Where can I study ....best?
Où puis-je étudier ... meilleur?

349. Is the food in the canteen edible?
Est-ce que la nourriture dans la cantine est mangeable?

350. Where can I get the learning material?
Où puis-je obtenir le matériel d'apprentissage?

351. I meet you in the auditorium
On se voit en classe

Computer and Social Media

352. This university has a entrance examination
Cette université possède un examen d'entrée

353. Can I join your group?
Puis-je rejoindre votre groupe?

354. Is advertising allowed?
Est-ce qu'il est autorisé de faire de la pub?

355. I would like to participate
J'aimerai participer

356. What are the rules for this group?
Quelles sont les règles pour ce groupe?

357. Spam is prohibited
Le spam est interdit

358. Can you help me to find ....?
Pouvez-vous m'aider à trouver....?
Peux-tu m'aider à trouver ...?

359. Can you help me to install a program?
Pouvez-vous m'aider à installer un programme?
Peux-tu m'aider à installer un programme?

360. I need original components
J'ai besoin d'un composant original

361. Does it come with a cable?
Est-ce que cela comprend un câble?

362. The printer doesn't print
L'imprimante n'imprime pas

363. Where can I buy printer cartridges?
Où puis-je acheter des cartouches d'imprimante?

364. Where to they repair computer nearby?
Où puis-je trouver un technicien dans le coin?

365. My tablet needs a new glass
Ma tablette a besoin d'un nouvel écran

366. Where can I download this?
Où puis-je télécharger ça?

367. What is your profession?
Quelle est votre profession?

368. I work for the … company
Je travaille pour l'…. entreprise

369. I have my own business
J'ai ma propre affaire

370. I am employed
Je suis employé

371. I am a student
Je suis un élève

372. I have an online business
J'ai un business en ligne

Small Talk!

373. I live alone
Je vis seul

374. I have two children
J'ai deux enfants

375. I am married
Je suis marié

376. Where do you live
Où habitez-vous?
Où habites-tu?

377. Do you have an address?
Avez-vous une adresse?
As-tu une adresse?

378. I live in Berlin
Je vis à Berlin

378. Do you live in .....?
Vivez vous à ....?
Vis-tu à ...?

378. Tomorrow we have a party
Demain nous avons une fête

378. My uncle is visiting me
Mon oncle passe me voir

379. Do you have siblings
Avez-vous des frères et soeurs?
As-tu des frères et soeurs?

380. Shall I bring something?
Dois-je ramener quelque chose?

381 May I bring my dog?
Puis-je ramener mon chien?

382. We have a house in the center
Nous avons une maison dans le centre

Work and Business

383. He / she is calling
Il/elle appelle

384. I'd like to speak with Mr./Ms. ….
J'aimerai parler avec Mr/Ms

385. The line is busy
La ligne est occupé

386. What time suits you?
Quelle heure vous convient?
Quelle heure te convient?

387. Can I have a receipt please?
Puis-je avoir un reçu s'il vous plait?

388. My boss said ...
Mon patron a dit….

389. I need a hard copy
J'ai besoin d'une copie

390. Did you get my mail?
Avez-vous reçu mon mail?
As-tu reçu mon mail?

391. I'd like to make an appointment
J'aimerai prendre rendez-vous

392. Can we meet on Thursday morning?
Pouvons nous nous rencontrer Jeudi matin?

393. This is part of my job
Ça fait parti de mon travail

393. Where can I get internet around here?
Où puis-je avoir accès à internet ?

394. I have already finished my work
J'ai déjà fini mon travail

Travel Phrases

394. Have a nice trip / a good vacation
Fait bon voyage/ Passe de bonnes vacances

396. What is our flight number?
Quel est notre numéro de vol?

397. I have a reservation
J'ai une réservation

398. have only one suitcase
Je n'ai qu'une valise

399. I have only hand luggage
Je n'ai qu'un bagage de main

400. Can we take that into the cabin?
Peut-on prendre ça dans les cabines?

401. Do I need a visa?
Ai-je besoin d'un visa?

402. Where do I claim the luggage?
Où dois-je déclarer les bagages?

403. Where can we find gate number.. ?
Où puis trouver la porte numéro... ?

404. I need to change my ticket
Je dois changer mon ticket

405. The airline changed our flight
La compagnie aérienne a changé notre vol

406. I would like to have a window seat
J'aimerai avoir un siège côté fenêtre

407. I would like to have an aisle seat
J'aimerai avoir un siège côté couloir

408. Can I get an upgrade?
Puis-je avoir une amélioration?

409. Do we have to go through security?
Devons-nous passer à travers la sécurité?

410. Where is the information desk?
Où est le bureau d'information?

411. This computer belongs to me
Cet ordinateur m'appartient

412. I have nothing to declare
Je n'ai rien à déclarer

412. Do you know at what time are we arriving?
Savez-vous à quelle heure nous arrivons?

413. I would like to change my seat
J'aimerai changer de place

414. Where does this plane fly to?
Où va cet avion?

415. Where is the arrival terminal?
Où est le terminal d'arrivées?

415. Where is the terminal for departure?
Où est le terminal des départs?

416. Our suitcase has been stolen!
Notre valise a été volée!

417. Do you have a hotel voucher?
Avez-vous un bon d'hôtel?

418. Where do I find the shuttle transfer to Terminal 1?
Où puis-je trouver la navette de transfert vers le terminal 1 ?

419. Where do I find the car rental companies?
Où puis-je trouver l'entreprise de location de voiture?

Driving and Renting a Car

420. We would like to rent a car
Nous aimerions louer une voiture

421. We had an accident
Nous avons eu un accident

422. They have towed the car!
Ils ont remorqué la voiture!

423. I need a tow truck
J'ai besoin d'un remorqueur

424. The car has a flat tire
La voiture a un pneu crevé

425. The car won't start
La voiture ne démarre pas

426. The car has a scratch
La voiture est rayée

427. Can you recommend a garage?
Pouvez-vous recommander un garage?
Peux-tu recommander un garage?

428. Can you repair the car?
Pouvez-vous réparer la voiture?
Peux-tu réparer la voiture?

429. How long does it take?
Combien de temps cela va prendre?

430. Where can I return the car?
Où puis-je rendre la voiture?

Cooking, Food and Diet

431. What is your favorite food?
Quelle est votre plat favori?

432. Can you please say what that is?
Pouvez-vous dire ce que c'est?
Peux-tu dire ce que c'est?

433. It tastes very interesting
Le goût est intéressant

434. This is very delicious / This is disgusting
C'est très bon/mauvais

435. Bring everything at once
Ramener tout en même temps

436. Can you bring us a larger portion please?
Pouvez-vous ramener une portion plus large?
Peux-tu ramener une portion plus large?

437. What are the ingredients for this dish?
Quels sont les ingrédients pour ce plat?

438. How do you make paella?
Comment préparer une paella?

439. We eat traditional food
Nous mangeons de la nourriture traditionnelle

440. We are on a diet
Nous faisons un régime

441. How many calories are in there?
Combien de calories là dedans?

442. What dish do you recommend?
Quel plat recommandez-vous?
Quel plat recommandes-tu?

443. What international dishes do you offer
Quel plat international offrez-vous?
Quel plat international offres-tu?

444. What are typical local ingredients?
Quels sont les ingrédients typiques locaux?

445. First fry it then you bake it
Faites-le frire et puis cuire

446. We prefer a strong flavor
Nous préférons une saveur forte

447. We cook at home
Nous cuisinons à la maison

448. How do you cook this dish?
Comment vous préparez ce plat?
Comment tu prépares ce plat?

449. We are looking for a supermarket
Nous cherchons un supermarché

Business Terms

450. I need a receipt / bill
J'ai besoin d'un reçu

451. This is a bad ripp-off
C'est une mauvaise copie

452. Thank's, but I am not interested
Merci, mais je ne suis pas intéressé

453. I want to speak with the owner!
Je veux parler au propriétaire

454. I the price negotiable?
Est-ce que le prix est négociable

455. This is my team
C'est mon équipe

456. We should make a contract
Nous devrions faire un contrat

457. We pay later
Nous paierons plus tard

458. We order tomorrow
Nous commanderons demain

459. When can you deliver?
Quand pouvez-vous livrer?

460. Who is paying customs?
Qui paie les douanes?

461. How much are the total costs?
Combien font les coûts totaux?

462. What is your best price?
Quel est votre meilleur prix?

463. We want to cancel
Nous voulons annuler

464. It is too expensive
C'est trop cher

465. Are taxes included?
Les taxes sont-t'elles inclues?

466. How much is the commission?
Combien coûte la commission?

467. I need to write it down
Je dois l'écire

468. I need this in writing
J'ai besoin de ça à l'écrit

469. What are the delivery terms?
Quels sont les termes de livraison

470. Does this product has warranties?
Est-ce que ce produit possède une garantie

471. We like to place an order
Nous aimerions placer une commande

472. We make you an offer
Nous vous faisons une offre

473. We accept your offer
Nous acceptons votre offre

474. We reject your offer
Nous rejetons votre offre

475. We pay after delivery
Nous payons après la livraison

476. We pay now
Nous payez maintenant

477. Is there a discount?
Y'a-t'il une réduction?

478. Do you accept credit cards?
Acceptez-vous les cartes de crédit?
Acceptes-tu les cartes de crédit?

Art and Hobbies

479. Where is the museum?
Où est le musée?

480. This is magnificent
C'est magnifique

481. Who built all of this?
Qui a construit tout ça

482. What's the name of the artist?
Quel est le nom de l'artiste

483. We appreciate art
Nous aimons l'art

484. Do you know the artist?
Connaissez-vous l'artiste?
Connais-tu l'artiste?

485. How did they clean the sculpture?
Comment ont-ils nettoyé la sculpture?

486. This is a beautiful painting
C'est une belle peinture

487. How old is it?
Quel âge a-t'il

488. Does it have a signature?
Est-ce signé?

489. This is rare
C'est rare

490. What's the name of this style?
Quel est le nom de ce style?

491. Are you an expert?
Êtes vous un expert?

492. We are only interested in authentic arts
Nous sommes intéressés par les arts authentiques

493. This is only of personal value
Ce n'a qu'une valeur personnelle

494. Is this original?
Est-ce original?

Is this part of your hobby?
Est-ce un de tes hobbies?

Going Out and Entertainment

495. Tonight we go out
Ce soir nous sortons

496. We go to a concert
Nous allons à un concert

497. How much are the tickets?
Combien coutent les tickets?

498. We will meet at the entrance
On se voit à l'entrée

499. What movie will we watch?
Quel film allons-nous voir?

500. Did you like the movie?
Avez-vous aimé le film?

501. Is there a good night club?
Y'a-t'il une bonne boite de nuit

502. Do you like dancing?
Aimez-vous danser?
Aimes-tu danser?

503. Can I go with you?
Puis-je venir avec vous?
Puis-je venir avec toi?

504. This is fun!
C'est amusant!

505. This is boring.
C'est ennuyeux.

506. Are you coming with me?
Tu viens avec moi ?
Vous venez avec moi?

507. Do they have a botanical garden here?
Ont-ils un jardin botanique ici?

508. Is there a public swimming pool?
Y'a-t'il une piscine?

509. Which museum can you recommend?
Quel musée pouvez-vous recommander?
Quel musée peux-tu recommander?

510. We are looking for a spa
Nous cherchons un spa

520. Where can I get a massage?
Où puis-je avoir un massage?

521. Is the movie in original language?
Est-ce que le film est en version originale?

Crime and Help Phrases

522. I need a doctor
J'ai besoin d'un médecin

523. I need help!
J'ai besoin d'aide!

524. Call the police!
Appelez la police

525. I am going to call the police
Je vais appeler la police

526. This is an emergency
C'est une urgence

527. Stop the thief!
Arrêtez le voleur!

528. I am the witness
Je suis le témoin

529. I have not seen anything
Je n'ai rien vu

530. I have been robbed
Je me suis fait voler

531. I have been attacked
J'ai été attaqué

532. The broke into my apartment
Le cassé dans mon appartement

533. They stole my wallet
Ils ont volé mon portefeuille

534. I have a complaint
J'ai une plainte

535. I want to file a police report
Je veux déposer une plainte

536. I need to contact my embassy
Je dois contacter mon ambassade

527. I want to speak with a lawyer
Je veux parler à un avocat

538. I lost my money
J'ai perdu mon argent

539. I forgot my passport
J'ai oublié mon passeport

540. I left the keys in the room
J'ai oublié les clés dans la chambre

541. I have to leave now!
Je dois partir maintenant!

Taxis and Hiring a Car

542. I want to hire a car
Je veux engager une voiture

543. I need it for one week
J'en ai besoin pour une semaine

544. Please explain the documents
Veuillez expliquer les documents

545. Must I return the car here?
Dois-je rendre la voiture ici?

546. Is there a charge per kilometre?
Y'a-t'il une charge par kilomètre

547. Please show me how to operate the car?
Veuillez me montrer comment utiliser la voiture

548. I would like to rent a small size car
J'aimerai louer une petite voiture

550. Do you have a car with automatic?
Avez vous une voiture automatique?
As-tu une voiture automatique

551. I want to leave the car at the airport
Je veux laisser la voiture à l'aéroport

552. Where is the tool kit?
Où est la boite à outil?

553. We don't need additional insurance!
Nous n'avons pas besoin de plus d'assurances!

554. What is the emergency number?
Quel est le numéro d'urgence?

555. Where can I get a taxi?
Où puis-je trouver un taxi?

556. Take me to the airport please
Veuillez m'emmener à l'aéroport

557. To the bus station please!
À la station de bus s'il vous plait!

558. Take me to this address
Emmenez-moi à cette adresse

559. Why is it so expensive?
Pourquoi est-ce si cher?

560. I need help with the suitcase
J'ai besoin d'aide avec la valise

561 Please don't interrupt our conversation
N'interompez pas notre conversation

562. Turn off the music!
Éteignez la musique

Turn down the volume!
Veuillez baisser le son!

563. Turn on the taximeter
Allumez le taximètre

General Repairs

564. This is damaged
C'est endommagé

565. We need tools
Nous avons besoin d'outils

566. Can you repair it?
Pouvez-vous le réparer?

567. Can you do it quickly?
Pouvez-vous le faire vite?

568. What's the problem?
Quel est le problème ?

569. Is it broken?
Est-ce cassé?

570. Can you glue it?
Pouvez-vous le fixer?

571. Here is the guarantee
Voici la garantie

572. Can you take a look at it?
Pouvez-vous y jeter un coup d'oeil?

573. We need help
Nous avons besoin d'aide

574. We need a specialist
Nous avons besoin d'un spécialiste

575. We need a replacement
Nous avons besoin d'un remplacement

578. I need nails and a hammer
J'ai besoin de clous et d'un marteau

579. I need a saw
J'ai besoin d'une scie

580. Who can fix it?
Qui peut réparer ça?

Culture and Religion

581. We are protestants
Nous sommes protestants

582. We are catholic
Nous sommes catholiques

583. We are muslims
Nous sommes musulmans

584. We are buddhists
Nous sommes bouddhistes

585. God is above all
Dieu est au dessus de tout

586. What is your belief?
En quoi croyez-vous?

587. My religion is…
Ma religion est...

588. Do you believe in God?
Croyez-vous en Dieu?

589. We are a very religious family
Nous sommes une famille très religieuse

590. We go to church on Sundays
Nous allons à l'église les dimanches

591. At what time does the mess start?
A quelle heure commence la messe?

592. Where is the synagogue?
Où est la synagogue?

593. Where is the mosque?
Où est la mosqué

594. I would like to see a priest
J'aimerai voir un prêtre

596. I would like to pray
J'aimerai prier

597. Let us pray together
Prions ensemble

598. Religious holidays
Vacances religieuses

599. The bible is important to me
La bible est importante pour moi

600. Is there a bible study group?
Y'a-t'il un groupe d'étude de la bible?

Seasons and Public Holidays

601. the seasons
les saisons

602. spring
printemps

603. summer
été

604. autumn
automne

605. winter
hiver

606. January
janvier

607. February
février

606. March
mars

607. April
avril

608. May
mai

609. June
juin

610. July
juillet

611. August
août

612. September
septembre

613. October
Octobre

614. November
Novembre

615. December
Décembre

616. January 1, New Year's Day
Premier Janvier, nouvel an

617. beginning of holidays
début des vacances

618. main vacation season
Saison de vacances principales

619. short trip
petit voyage

620. long trips, permanent travelers
grand voyages, voyageurs permanents

621. Holidays / vacation
vacances

622. Corpus Christi Day
Jour du Corpus Christi

623. 15 August, Assumption
15 août, Ascension

624. 1. May / International Labor Day
1 mai / Journée internationale du labeur

625. 1 November, All saints Day
1 Novembre, Toussaint

626. National Holiday
.Name & Date..
vacances nationales
.nom et date..

627. National Family Day
......Name & Date....
Vacances de famille nationale
...nom et date...

628. 24 December Holy Night
24 décembre nuit sacrées

629. 25 December, Christmas Day
25 décembre Noël

Vacation and Breaking the Ice with Strangers

630. Where are you going?
Où vas-tu?
Où allez-vous?

631. Are you here on holidays?
Es-tu là pendant les vacances?
Êtes-vous là pendant les vacances?

632. I would like to invite you
J'aimerai t'inviter

633. I doesn't matter
Je n'importe pas

634. We are just passing through
Je ne fais que passer

635. I can cook for you
Je peux cuisiner pour moi

636. It will be good
ça sera bien

637. Do you know..?
Le saviez-vous?

638. I can help you
Je peux aider

639. I am good at it
Je suis bon

640. I need a protection suntan cream
J'ai besoin de crème solaire

641. What is your favorite color?
Quelle est votre couleur favorite?

642. come / come along!
venez!

643. Can I join you?
Puis-je vous rejoindre?

644. Please wait here
Attendez ici

645. This is forbidden!
C'est interdit

646. Can I smoke here?
Puis-je fumer ici?

646. Do you have a question?
Avez-vous une question?

647. Do you mind if I..?
Cela ne vous dérange pas si...?

648. Let's do it together!
Faisons ça ensemble!

649. Let's celebrate!
Faisons la fête

650. open
ouvert

651. closed
fermé

652. hot
chaud

653. cold
froid

654. beautiful
beau

655. ugly
moche

656. empty
vide

657. full
plein

658. new
nouveau

659. old
vieux

660. clean
propre

661. dirty
sale

662. bright
brillant

663. dark
sombre

664. cheap
peu cher

665. expensive
cher

666. interesting
Intéressant

667. boring
ennuyeux

668. riendly
amical

669. nfriendly
hostile

670. nice / pleasant
plaisant

671. a great time
a bad time
un bon temps
un mauvais temps

672. lucky
chanceux

673. generous
généreux

674. stingy
avare

675. honest
Honnête

676. dishonest
malhonnête

Legal Terms and Words

677. free
gratuit

678. for sale
a vendre

679. to rent
a louer

680. I agree
je suis d'accord

681. the deed / title (real estate)
le titre (immobilier)

681. the contract
le contrat

682. real estate contracts are signed by a notary
les contrats immobiliers sont signés par un notoire

682. to pay a deposit
payer un dépôt

683. It's already confirmed
déjà confirmé

684. the witness
témoin

685. the judge
juge

686. to denounce
dénoncer

687. criminal charges
charges criminelles

687. to bail someone
payer la caution de quelqu'un

688. You are accused of…
Vous êtes accusé de.

689. the trial
Le procès

690. I have to go to court
Vous devez aller au tribunal

691. lawyer's fee
Charge de l'avocat

692. state attorney
Avocat

693. We need a translator
Nous avons besoin d'un traducteur

693. Do I have to pay a fine?
Ai-je besoin de payer une amende?

694. We need a lawyer
Nous avons besoin d'un avocat

695. Is it against the law?
Est-ce illégal?

695. What are the legal requirements?
Quels sont les exigences légales?

696. We would like to register
Nous aimerions enregistrer

697. What is my legal status?
Quel est mon statut légal?

698. Who has the custody?
Qui est en détention?

699. I am not guilty
Je suis innocent

700. I will sue you for fraud
Je vais porter plainte pour fraude

For our complete French short story selection including vocabulary section and audio see this book, available on most major book platforms

***

www.ingramcontent.com/pod-product-compliance
Lightning Source LLC
Chambersburg PA
CBHW061218210726
48294CB00006B/1884

* 9 7 8 1 7 3 9 7 0 4 6 4 3 *